Gesund und schlank mit

TRENN KOST

Ursula Summ

Gesund und schlank mit

TRENN KOST

In diesem Buch verwendete Abkürzungen		
TL	=	Teelöffel
EL	=	Eßlöffel
P.	=	Päckchen, Paket
Msp.	=	Messerspitze
TK	=	Tiefkühlkost, tiefgekühlt

Fotos: Studio Margit Schwarz, Frankfurt: S. 6/7, 41 re. 43, 44/45, 46, 47, 59, 77, 84, 103, 105, 112, 133, 148, 150, 151, 152, 153; Fotostudio Eberle, Schwäbisch Gmünd: Seite 34 o., 146 o. li.; Michael Wissing und Partner, Elzach- Katzenmoos: Seite 4/5, 11 o., 15; Anschlag & Goldmann, Borken: Seite 147 o. Mitte; Grauel und Uphoff, Hannover: Seite 35 li., Studio Tessmann und Endress, Frankfurt am Main: Seite 146 u. re.; Edith Gerlach, Frankfurt am Main: Seite 146 u. Mitte li., 147 u. re.; alle übrigen: TLC Foto-Studio GmbH, Velen-Ramsdorf
Zeichnung: Gerhard Scholz, Dornburg

297390695X817 2635 4453 62
10826X03 02 01 00

Inhaltsverzeichnis

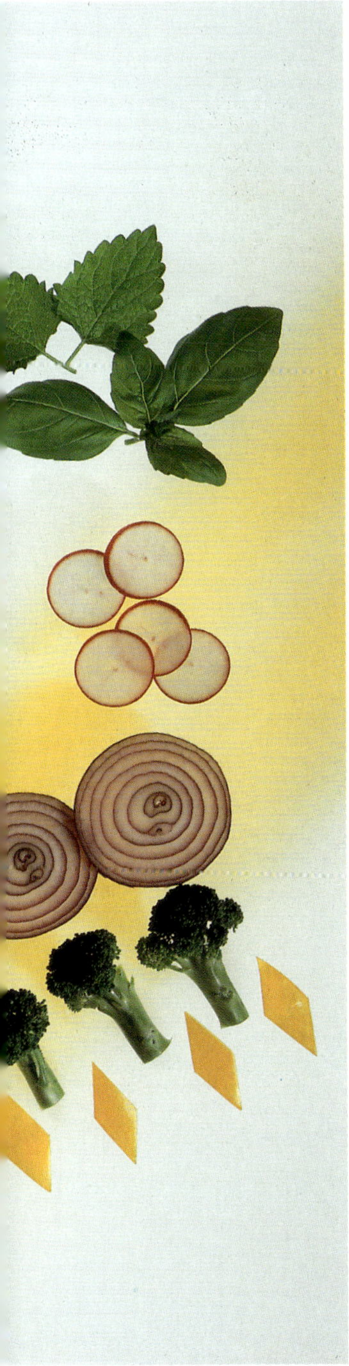

Gutes Essen – gute Laune – gesünder leben

Da steht am Anfang dieser Satz, den sicherlich jede Leserin und jeder Leser bestätigen kann. Was „gute Laune" und „gesünder leben" bedeuten, weiß man, aber wie sieht „gutes Essen" aus? Manch einer denkt dabei sofort an Gänsebraten mit dicken Semmelknödeln, fettreicher Sauce und braungekochtem Rotkohl. Andere ersetzen das Mittagessen einfach durch vier Schokoriegel, andere durch ein Stück heiße Wurst mit Brötchen. Am Abend steht dann die Dose mit Fisch in Sauce auf dem Tisch, fettreiche Wurst und Weißbrot. Dazu Kaffee, schwarzer Tee, Bier, Wein, Schnaps. Wären Sie nach einem solchen Essen wirklich rundum zufrieden? Ihr Körper wäre es jedenfalls nicht. Den ganzen Tag über quält Sie der „Hunger", wohlgemerkt der sogenannte Reizhunger, denn der Körper gibt erst Ruhe, wenn er das bekommt, was er braucht. Wenn Sie ihn immer wieder mit „leeren" Nahrungsmitteln füttern, verlangt er immer neue Nahrung. Was passiert? Der Mensch wird runder und runder; der Körper rebelliert, Haut und Haare verlieren ihre Spannkraft, der Blutdruck steigt oder sinkt, man wird anfälliger gegen Infektionen, Rheuma, Gicht, Diabetes; ein zu hoher Cholesterinspiegel (mehr als 240 Milligramm Cholesterin pro Zehntelliter Blut) und anderes können die Folgen sein.

Seit über 50 Jahren ernähren sich Millionen Menschen in aller Welt nach der von Dr. Howard Hay entwickelten Trennkost. Wenn auch Sie schlanker, gesünder, leistungsfähiger und zufriedener werden wollen, machen Sie mit bei der Hayschen Trennkost. Dieses Buch erleichtert Ihnen den Einstieg durch eine ausführliche Einführung und nützliche Vorschläge für eine gesunde und vollwertige Ernährung.

Im Rezeptteil sind erprobte Trennkostrezepte für jede Tageszeit versammelt, geschmückt mit appetitanregenden Fotos sowie zahlreichen guten Tips.

Trennkost nach Dr. Hay

Das sind die Hauptmerkmale der von Dr. Howard Hay entwickelten Trennkost:
– kohlenhydrathaltige und eiweißhaltige Nahrungsmittel werden bei den Mahlzeiten voneinander getrennt,
– Verwendung von vollwertigen Nahrungsmitteln, also natürliche und naturbelassene Produkte verzehren, industriell bearbeitete Nahrungsmittel vermeiden,
– Erhöhung der Zufuhr von basischen Produkten (Früchten, Salaten, Gemüsen).
Und so kann man die Vorzüge der Hayschen Trennkost kurz zusammenfassen:
– Zivilisationskrankheiten wie Diabetes, Rheuma, Gicht, Bluthochdruck, Herz- und Kreislauferkrankungen, Fettsucht, Magersucht, Magen- und Darmstörungen, Gallen-, Nieren- und Leberbeschwerden und andere können verhindert und gemildert werden,
– alle Stoffwechselvorgänge im Körper werden verbessert,
– der Mensch wird vitaler und fröhlicher, Antriebsschwäche und Müdigkeit gehören der Vergangenheit an.

Wie alles begann

Als der amerikanische Arzt Dr. Howard Hay vor über 60 Jahren aufgrund seiner „unheilbaren" Nierenerkrankung die Ernährungsgewohnheiten der Naturvölker in vielen Teilen der Welt untersuchte, mußte er feststellen, daß sich die Ernährung dieser Menschen enorm von derjenigen der als zivilisiert geltenden Menschen unterschied: Ihre Mahlzeiten bestanden aus dem, was um sie herum gedieh – Gemüse, Wurzeln, Früchte, Nüsse, Getreide – sowie aus Milch und Käse, ab und zu Fleisch oder Fisch. Krankheiten wie Magengeschwüre, Bluthochdruck, Verstopfung, Rheuma, Asthma und andere waren bei den Naturvölkern unbekannt, während der moderne Mensch zunehmend von diesen Krankheiten befallen wird.

Dieser moderne Mensch erntet seine Nahrung nicht mehr selbst, im Supermarkt findet er doch ordentlich sortiert und verkaufsfördernd dargeboten in meterlangen Regalen bunte Dosen mit Gemüse und Obst, Schachteln mit pulverisierten Kartoffeln, Getreide, Gemüse, ja selbst Eier und Milch rieseln als streufähiges Pulver oder Granulat aus der Verpackung. Frisches Obst und Gemüse sind zwar wunderschön anzusehen, aber häufig fehlen ihnen wichtige Inhaltsstoffe, dafür weisen sie oftmals hohe Werte von chemischen Rückständen auf, Fleisch und Fisch kommen aus Mastbetrieben, vollgepumpt mit Antibiotika und Hormonen, andere Produkte versieht die Nahrungsmittelindustrie mit Stabilisatoren, Emulgatoren, Farbstoffen, Antioxidationsmitteln, Konservierungsstoffen, Gelier- und Verdickungsmitteln, Geschmacksverstärkern – kurz, die Natur bleibt auf der Strecke und mit ihr der gesunde Mensch.

Der nierenkranke Dr. Hay stellte seine Ernährung um; er aß nur noch naturbelassene Produkte und davon nur so viel, wie sein Körper brauchte. Er wurde gesund und starb mit über 70 Jahren durch einen Unfall.

Deutschland verdankt die Popularität der Hayschen Trennkost dem Arzt Dr. Ludwig Walb und seiner Frau Ilse.

Beachte das Säuren-Basen-Verhältnis

Die wichtigste Regel von Dr. Hay lautet: Trennung von eiweißreicher und kohlenhydratreicher Kost. Um den menschlichen Körper optimal und harmonisch zu ernähren, ist das Säuren-Basen-Verhältnis der Nahrung besonders zu beachten. Eine Übersäuerung des Organismus ist letzten Endes für die vielen Zivilisationskrankheiten verantwortlich.

Große Säureüberschüsse im Körper hinterlassen

- hoher Fleisch- und Wurstkonsum,
- weißer Zucker (Schokolade, Bonbons, Knusperriegel, Kuchen, Torten, Kleingebäck, Süßspeisen, Limonaden, Milchshakes, Cola-Getränke, Fruchtnektare usw.),
- weißes Mehl in Gebäck, Brot, Nudeln,
- scharfer Käse,
- Kaffee (Bohnenkaffee und Malzkaffee).

Die Entsäuerung im Körper geschieht über die Nieren, den Darm, die Lunge und die Haut. Entsteht ein Säureüberschuß im Körper, den die Basen nicht verringern können, kommt es im Laufe der Zeit zu zahlreichen ernährungsbedingten Krankheiten.

Einen hohen Anteil von Basen finden wir in den folgenden pflanzlichen Nahrungsmitteln:

- Früchten,
- Gemüse,
- Salat,
- Kräutern.

Sie sorgen für einen gut funktionierenden Stoffwechsel, weshalb sie täglich verzehrt werden sollen, und zwar im Verhältnis 20 (Säurebildner) zu 80 (Basenbildner).

Basen und Säuren werden im Körper gebildet, sie sind je nach Nahrungsangebot mehr oder weniger gut für einen funktionierenden Stoffwechsel verantwortlich. Wenn auch zahlreiche Wissenschaftler die Auffassung vertreten, daß der Körper sehr wohl in der Lage sei, das notwendige Säuren-Basen-Verhältnis im Körper aufrechtzuhalten, ist es für die Ernährung nach Dr. Hay eine Grundvoraussetzung, dem Körper nicht die Bildung von Säuren oder Basen auf einmal zuzumuten, er plädiert deshalb für die Trennung eiweißreicher von kohlenhydratreicher Nahrung.

Gutes Essen, schlechtes Essen

Der Slogan „Eßt mehr Obst und Gemüse, und ihr bleibt gesund!" ist nicht nur ein grandioser Spruch eines pfiffigen Werbemanagers. Jeder Mensch, der es einmal an sich selbst ausprobiert hat, weiß, wovon hier die Rede ist. Machen Sie den Versuch:

- Eine Woche Fast-Food (das hat nichts mit Fasten zu tun; es bedeutet „schnelles Essen" = von der Industrie zur schnellen Zubereitung aufbereitete Nahrung), Erbsen und Möhren aus der Dose, dazu Kartoffelbrei aus der Tüte, ein saftiges Halskotelett, oder Fleischwurst mit Brötchen, Hamburger oder Hot dog, Schokoriegel, Industrieeiscreme, Limonaden, helles Brot mit Mettwurst, ein Stück Torte zwischendurch, Bier, Wein und die kleinen Schnäpschen nicht zu vergessen.
- Eine Woche Vollkornprodukte, Milch und Milcherzeugnisse, viel frisches Obst und Gemüse, Salat, Rohkost, weniger Fett, Fleisch, Zucker und Alkohol. Und wenn möglich, etwas mehr Bewegung an frischer Luft.

In der zweiten Woche fühlen Sie sich garantiert viel besser! Die Alternative heißt also nicht nur Müsli, Körner und Most. Vollwertige Ernährung bedeutet frisches Obst und Gemüse, Kräuter statt Salz, Vollkornbrote und Vollkorngebäck, Milch und Milchprodukte, Nüsse, Samen und Sprossen, Fleisch und Fisch aus natürlicher Aufzucht in geringer Menge.
Wenn Sie sich den Rezeptteil dieses Buches betrachten, werden Sie überrascht sein, wie vielfältig und köstlich Ihre tägliche Ernährung aussehen kann, und Ihr körperliches Wohlgefühl wird Ihnen die großen Vorzüge der Hayschen Trennkost beweisen.

Aus der Praxis

Die Wirkung der Trennkost ist wissenschaftlich noch nicht bewiesen. Trotzdem finden wir überall ihre erfolgreiche Anwendung. Übergewichtige reduzieren ihr Gewicht um viele überflüssige Kilos und lernen, sich vernünftig zu ernähren. In Deutschland gibt es fast überall Kurse für Trennköstler, einige Krankenkassen beteiligen sich an den Kosten für entsprechende Kurse, Ärzte und Heilpraktiker ermuntern viele ihrer übergewichtigen Patienten zur Trennkost. Sogar Schönheitsfarmen, die immer beliebter werden, bieten Trennkost an.
Trennkost ist keine langweilige und eintönige Diät. Der Ernährungsplan ist abwechslungsreich, weshalb niemand hungern muß. Trotzdem ist auf die Kalorien zu achten.

Das Prinzip Trennung

Wie wir inzwischen wissen, beruht das Prinzip der Hayschen Trennkost auf der getrennten Aufnahme von eiweißreichen und kohlenhydratreichen Nahrungsmitteln. Wenn auch das exakte Trennen gar nicht möglich ist, so hilft Ihnen doch die Trennung der Extreme (zum Beispiel Fleisch – Eiweiß – von Nudeln – Kohlenhydrate).

Würden wir unsere Nahrung heute noch selber herstellen, wobei herstellen hier meint: säen, ernten, jagen, melken usw., wären die meisten von uns gesünder. Das haben leider unglückliche Zeiten wie Kriege und Naturkatastrophen gezeigt, in denen das Nahrungsangebot verringert war.

Die Trennkost ist keine Diätform, in der jemand hungern muß. Der Körper bekommt den ganzen Tag ausreichend zu essen und trinken:

- Kurz vor dem Frühstück ein Glas stilles Mineralwasser, Früchte- oder Kräutertee.
- Das Frühstück besteht aus einer Eiweiß- oder Kohlenhydrat-Mahlzeit.
- Bis zur Zwischenmahlzeit (Obst oder Milch) ungefähr zweieinhalb Stunden nach dem Frühstück trinken Sie stündlich ein Glas stilles Mineralwasser, Früchte- oder Kräutertee.
- Eine halbe Stunde vor dem Mittagessen gibt es wieder ein Glas stilles Mineralwasser, Früchte- oder Kräutertee.
- Das Mittagessen besteht bevorzugt aus einer Eiweiß-Mahlzeit, aber auch eine Kohlenhydrat-Mahlzeit ist erlaubt.
- Bis zur nächsten Zwischenmahlzeit (kohlenhydratreich: Vollkorngebäck, Knäckebrot mit Honig oder Joghurt mit Haferflocken) vier Stunden später trinken Sie stündlich ein Glas stilles Mineralwasser, Früchte- oder Kräutertee.
- Eine halbe Stunde vor dem Abendessen trinken Sie nochmals ein Glas stilles Wasser, Früchte- oder Kräutertee. Die letzte Mahlzeit sollte kohlenhydratreich sein.

Richtig kauen, gut verdauen

Mit Hilfe von Verdauungssäften und Verdauungsenzymen, die in unserem Körper hergestellt werden, kann unsere Nahrung in kleinste Bausteine zerlegt werden. Diese Bausteine werden neu zusammengesetzt, oder sie dienen der Energiegewinnung.

Die Vorverdauung beginnt bereits im Mund, beim Kauen. Kauen Sie doch einmal ein Stück trockenes Brot mindestens 30mal. Plötzlich schmeckt es süß, nicht wahr? Das sind die Dextrine. Das Enzym Amylase in unserem Speichel ist basisch aktiv und zerlegt die Stärke in die kleinen Dextrine, die süß schmecken. Stärke finden wir in kohlenhydratreichen Produkten wie Getreide, Brot, Reis, Nudeln. Im Magen setzt sich der Verdauungsvorgang fort. Eiweiß wird hier erst durch Salzsäure und das Enzym Pepsin vorverdaut. Die nebenstehende Abbildung zeigt die wichtigsten Organe, die gemeinsam unseren Verdauungsapparat bilden.

Nach Meinung von Dr. Howard Hay sind die Verdauungsvorgänge gestört, wenn wir kohlenhydratreiche und eiweißreiche Kost auf einmal zu uns nehmen. Die Verdauung gerät durcheinander, die Wirksamkeit der Verdauungsenzyme ist gestört. Das ist auch der Grund, warum so viele Menschen unter Blähungen, Völlegefühl, Verdauungsbeschwerden und Sodbrennen leiden.

Die nächste Station des Verdauungsvorgangs, die nach dem Magen kommt ist der Dünndarm. Hier treten die Enzyme der Bauchspeicheldrüse und die Galle in Aktion. Die Bauchspeicheldrüse produziert die beiden Hormone Insulin und Glukagon, die bei Bedarf in den Blutkreislauf gelangen. Der andere Teil der Bauchspeicheldrüse bildet eiweiß- (Trypsin und Chemotrypsin), kohlenhydrat- (Amylase) und fettspaltende (Lipase) Enzyme, die in den Dünndarm gelangen.

Wer mehr Nahrung zu sich nimmt, als er eigentlich braucht, überfordert damit auch seine Bauchspeicheldrüse. Findet die Verdauung dadurch verzögert oder sogar nur unvollständig statt, fühlt sich der Organismus und damit der gesamte Mensch unwohl.

Eine unvollständige Verdauung durch falsche Ernährung führt zur übermäßigen Gasentwicklung, alle aus der Verdauung hervorgegangenen Nahrungsbausteine und -bausteinchen wandern zur Leber, die nun damit fertig werden muß. Die Leber muß alles annehmen, egal ob sie es braucht oder nicht. Falsch zusammengesetzte Nahrung behindert nicht nur die Verdauung, sondern schädigt darüber hinaus auf Dauer auch unsere Leber.

Warum also verzehren so viele Menschen zuviel und falsch zusammengesetzte Nahrung, so daß ihnen im wahrsten Sinne des Wortes der Spaß am Leben vergeht? Die Antwort auf diese Frage muß schwer fallen, denn das Angebot an abwechslungsreicher, gesunder Nahrung ist heute so groß wie nie, und eine Fülle an schmackhaften Rezepten macht es jedem leicht, sich gesund zu ernähren, wie auch dieses Buch beweist.

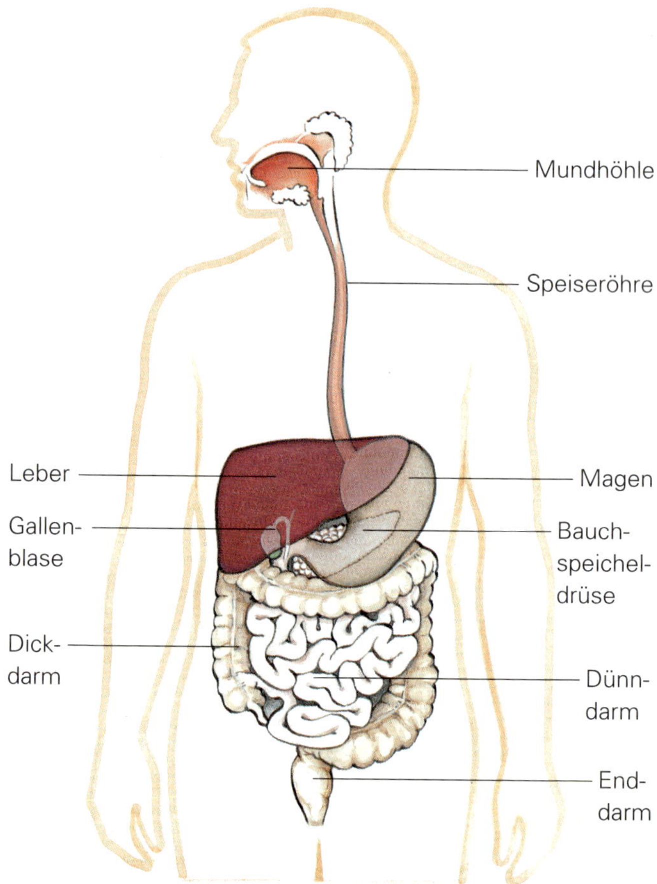

Trennen leicht gemacht

Das Prinzip und der Erfolg der Hayschen Trennkost beruhen auf der Trennung eiweißhaltiger und kohlenhydrathaltiger Nahrungsmittel, die innerhalb einer Mahlzeit nicht gemischt werden dürfen. Darüber hinaus gibt es die neutrale Kost, die innerhalb einer Mahlzeit mit eiweißreichen oder kohlenhydratreichen Nahrungsmitteln zusammen verzehrt werden soll (Salate, Rohkost, Früchte, Gemüse).

Das Verhältnis der Basenbildner (Rohkost, Salate, Früchte, Gemüse usw.) zu Säurebildnern (Fleisch, Käse, Eier, Brot und Stärke) soll 80 zu 20 betragen.

Milch, die weder Basen noch Säuren bildet, wird am sinnvollsten mit Basenbildnern (Salate, Rohkost, saure Früchte, Gemüse) getrunken, das erleichtert besonders am Morgen die Ausschwemmung von Körpergiften. Statt frischer Milch kann von empfindlichen Menschen (Gallenkranke u.a.) Buttermilch genossen werden, auch sie gilt, wie alle gesäuerten Milchprodukte, als neutral.

Um Ihnen die schnelle Benutzung dieses Buches zu erleichtern, haben wir die

- eiweißreiche Kost mit blauen Kopf- und Fußlinien,
- die kohlenhydratreiche Kost mit roten Kopf- und Fußlinien,
- die neutrale Kost mit schwarzen Kopf- und Fußlinien gekennzeichnet.

Eiweißhaltige Nahrungsmittel

Beachten Sie, daß immer nur eine Eiweißart verzehrt wird: entweder Fleisch oder Fisch oder Eier oder Käse. Kohlenhydratreiche Nahrungsmittel wie Kartoffeln, Brot, Nudeln, Reis usw. sind zu meiden.

Rohkost und Salat werden bei der eiweißhaltigen Kost mit Öl, Zitronensaft (oder Apfelessig oder Buttermilch) und frischen Kräutern angemacht. Rohkost, Salat oder saures Obst soll vor der Mahlzeit gegessen werden.

Die Eiweiß-Mahlzeiten sollten Sie wegen der längeren Verdauung möglichst mittags verzehren.

- Alle mageren, gegarten Fleischarten: Rind, Kalb, Lamm, Wild, Geflügel (gekocht oder vorsichtig geschmort). Zum Panieren statt Semmelbrösel geriebenen Käse (bis 50 Prozent Fett i. Tr.), gemahlene Mandeln oder andere Nüsse oder Sesam verwenden. Zum Lockern von Frikadellen eignen sich Quark, saure Sahne, geriebene Möhren.
- Alle mageren, gegarten Wurstsorten, die kein Schweinefleisch enthalten: Geflügelwurst, Corned beef, Rindswurst, Kalbfleischwurst (Bratwurst, Leberkäse, Knacker), gekochter Schinken.
- Pflanzlicher Brotaufstrich (finden Sie in Reformhäusern und Naturkostläden).
- Alle Käsesorten unter 50 Prozent Fett i. Tr.: Emmentaler, Gouda, Edamer, Frischkäse, Harzer, Edelschimmelkäse u.a.
- Alle Fische, Krusten- und Schalentiere, gegart, aber ungeräuchert: Seelachs, Kabeljau, Heilbutt, Scholle, Lachs, Makrele, Hering, Forelle, Hecht, Krabben, Krebse, Hummer, Garnelen, Muscheln.
- Eier.

- Alle Sojaprodukte, Tofu.
- Gegarte Tomaten.
- Alle Beeren außer Preiselbeeren und Blau- oder Heidelbeeren.
- Alle Kern- und Steinobstsorten außer mürben Äpfeln.
- Alle Zitrusfrüchte (Orangen, Mandarinen, Satsumas, Zitronen, Limonen, Grapefruits.
- Alle exotischen Früchte außer Bananen und anderen mürben Früchten: Ananas, Mango, Papaya, Kiwi, Sternfrüchte, Melonen.
- Apfelwein, Cidre, herber Weißwein (Diabetikerwein) sehr trockene Schaumweine (Sekt, Champagner: brut, extra brut), Früchtetee, ungesüßte Obstsäfte.

Kohlenhydrathaltige Nahrungsmittel

Eine Kohlenhydrat-Mahlzeit soll nur eine Stärkeart enthalten, also entweder ein Getreidegericht oder Brot oder Reis oder Nudeln oder Kartoffeln oder eine Mehlspeise. Diese Mahlzeit sollte bevorzugt abends verzehrt werden.
Salate und Rohkost vor einer Kohlenhydrat-Mahlzeit werden mit Öl, Kräutern, gesäuerter Milch, Brottrunk oder Molkosan angemacht.

- Alle Getreidesorten (Roggen, Weizen, Dinkel, Hafer, Gerste, Grünkern, Hirse, Amaranth, Naturreis, Maismehl – Polenta –, Maisflocken, Buchweizen).
  Bratlinge aus Getreide nicht mit Eiern lockern; zum Panieren der angefeuchteten Bratlinge eignen sich Semmelbrösel aus Vollkornbrötchen, Nüsse oder Sesam.
- Alle Produkte aus Vollkorngetreide: Nudeln, Brote, Brötchen, Kleingebäck, Kuchen, Vollkorngrieß.
- Äpfel (mürbe), Bananen, Datteln (frisch), Feigen (frisch), Grünkohl, Kartoffeln, Pilze (getrocknet), Schwarzwurzeln, Topinambur, Trockenfrüchte (ungeschwefelt; außer Rosinen), Korinthen.
- Bier und Liköre (keine Fruchtliköre).
- Süßungsmittel wie Bienenhonig, Ahornsirup, Apfel- und Birnendicksaft, Rübensirup, Frutilose (aus Reformhäusern oder Naturkostläden).
- Carob (zerkleinerte Frucht des Johannisbrotbaumes als Ersatz für Kakao), Puddingpulver (aus Reformhäusern oder Naturkostläden).

Neutrale Kost

Sie kann sowohl mit eiweißreicher wie mit kohlenhydratreicher Kost gemischt werden.

- Gemüse wie Artischocken, Auberginen, Avocados, Blumenkohl, Bohnen (grüne), Brokkoli, Chinakohl, Erbsen (grüne), Fenchel, Gurken, Knoblauch, Kohlrabi, Kürbis Lauch (Porree), (Gemüse-)-Mais, Mangold, Möhren, Paprikaschoten, Peperoni, Radieschen, Rettiche, rote Bete, Rosenkohl, Rotkohl, weiße Rübchen, Sauerkraut, Sellerie, Spargel, Spinat, Tomaten (roh), Weißkohl, Wirsing, Zwiebeln, Zucchini.
- Salate wie alle Blattsalate, Chicorée, Feldsalat.
- Alle frischen Pilze wie Austernpilze, Champignons, Pfifferlinge, Steinpilze.
- Alle tierischen und pflanzlichen Fette wie Butter, kaltgepreßte Öle (besonders hochwertige Öle sind Maiskeimöl, Sonnenblumenöl, Distelöl, Olivenöl, Kürbiskernöl, Weizenkeimöl, Leinöl), ungehärtete Margarine (mit einem hohen Anteil an mehrfach ungesättigten Fettsäuren, Linolsäure), ungehärtetes Kokosfett (Reformhaus), Schmalz, Speck.

- Alle Sauermilchprodukte wie Quark, Kefir, Joghurt, saure und süße Sahne, Schmand, Crème fraîche, Buttermilch, Sahnedickmilch, Molkosan (vergorenes Molkekonzentrat).
- Milchsaures Gemüse wie Salzgurken, Brottrunk, Sauerkraut.
- Alle Käsesorten mit mindestens 60 Prozent Fett i.Tr. wie Butterkäse, Doppelrahmfrischkäse, Rahmgouda, Brie, Camembert, einige Schimmelkäse u.a.
- Alle Weißkäsesorten wie Mozzarella, körniger Frischkäse (Hüttenkäse), Schafskäse, Ziegenkäse.
- Roh marinierter Fisch und geräucherter Fisch wie Matjes, Bismarckhering, Schillerlocken, Bückling, Makrele, Sprotten, Heilbutt, Lachs, Forelle, Wels (Waller); Kaviar. Geräucherten Aal sollte man wegen seines Fettgehalts meiden.
- Roh geräucherte Fleisch- und Wurstwaren wie Bündner Fleisch, Schinken (luftgetrocknet), Salami, Teewurst u.a., jedoch nicht aus Schweinefleisch.
- Alle Nüsse und Samen (außer Erdnüssen). Wer einen hohen Cholesterinspiegel hat, muß auf Kokosnüsse wegen des hohen Anteils an gesättigten Fettsäuren verzichten.
- Blaubeeren (Heidelbeeren).
- Ungeschwefelte Rosinen.
- Oliven, schwarz und grün.
- Eigelb.
- Sprossen und Keime.
- Alle Gewürze, frische und getrocknete Kräuter. Mit Pfeffer sparsam umgehen, besser mit Kräutern wie frischem Basilikum, grünem Pfeffer oder Peperoni würzen.
- Geliermittel wie Gelatine (tierisches Produkt), Agar-Agar (getrocknete Meeresalge; aus dem Reformhaus), Biobin, Nestargel, Bindemittel aus Johannisbrotkernmehl.

Diese Nahrungsmittel sollten Sie meiden

- Alle Backwaren und Nudeln aus weißem Mehl.
- Zucker und Süßstoffe sowie alle Produkte daraus, wie Marmeladen und Konfitüren, Schokolade, Eiscreme, Milchzubereitungen (fertige [Sauer]-Milchprodukte mit Fruchtzubereitungen, Fertigpuddings).
- Hülsenfrüchte (getrocknet); sie sind schwer verdaulich.
- Geschälter und parboiled Reis, Sago, Tapioka.
- Erdnüsse, sie zählen zu den Hülsenfrüchten, wegen ihrer Röststoffe sollen sie innerhalb der Trennkost gemieden werden.
- Preiselbeeren und Rharbarber; sie sind zu sauer.
- Rohes Eiweiß.
- Schweinefleisch (auch Wurst und Schinken).
- Fleisch-, Fisch- und Gemüsekonserven, Fertiggerichte, Fertigsuppen, Fertigsaucen (Ketchup, Currysauce, Chilisauce, usw.), Salatcremes und Mayonnaise.
- Senf (außer Senf aus dem Reformhaus), Meerrettich, Eßkastanien (Maroni).
- Gehärtete Fette wie Plattenfette, Fritierfette, normale Margarine, Halbfettbutter, Halbfettmargarine.
- Kaffee, Malzkaffee, schwarzer Tee, Kakao, hochprozentiger Alkohol.
- Ganz allgemein: Salzkonsum einschränken, wenig Fleisch und selten geräuchertes Fleisch oder Fisch verzehren.
- Ganz allgemein gilt: den Fettkonsum einschränken; nicht mehr als 30 bis 60 Gramm Fett pro Tag mit der Nahrung verzehren.

Trennkost unterwegs

Keine Angst, wenn Sie in der Kantine oder im Restaurant essen wollen oder müssen. Einen Salat- oder Rohkostteller (mit Öl, Zitronensaft und Kräutern) bekommen Sie heute fast überall angeboten.
Ohne daß es den Tischnachbarn auffällt, können Sie danach eine Eiweiß-Mahlzeit aus einem Stück Fleisch oder Fisch mit Gemüse oder beispielsweise Spinat mit Ei verzehren. Als Dessert wählen Sie frisches Obst oder eine Quarkspeise.
Wenn Sie sich für eine Kohlenhydrat-Mahlzeit entscheiden, beginnen Sie wiederum mit einem Salat- oder Rohkostteller (mit Öl, Buttermilch, Sahne o.ä.). Zu Kartoffeln oder Naturreis, Vollkornnudeln oder Brot können Sie Hering in Sahnesauce, gebackenen Käse, Räucherlachs oder Gemüse verzehren.
Im Urlaub können Sie genauso vorgehen. Für die Zwischenmahlzeiten eignen sich besonders gut Äpfel oder Möhren, aber auch jedes andere Obst oder Gemüse oder Milch.

Vollwertige Ernährung bei der Trennkost

Wenn wir der Statistik glauben wollen, sterben heute bei uns 50 Prozent der Bevölkerung an Krankheiten, die durch Fehlernährung verursacht worden sind (zum Vergleich: vor 60 Jahren waren es lediglich 16 Prozent). Unter-, Über- und Fehlernährung können sich erst nach Jahren bemerkbar machen. Zu wenig, zu viel, falsche Nahrung schädigt auf Dauer den menschlichen Organismus.
Wie sieht der Ausweg aus? Ganz einfach: vollwertige Ernährung. Dazu gehören natürliche Salate, Obst, Gemüse, Nüsse und Samen, Getreide, Fette und Öle, Milch und Milchprodukte, aber auch Fleisch, Fisch und Eier. Alle Nahrungsmittel sollen so frisch wie möglich und rückstandsfrei sein. Versprechungen auf Lebensmittelverpackungen wie „Bio", „Öko", „natürlich", aber auch „vollwertig" sagen nichts aus. Achten Sie auf folgende Bezeichnungen für ökologischen Landbau: Anog, Bioland, Biokreis Ostbayern, Bundesverband ökologischer Weinbau, Demeter, Naturland, neuform.
Bei frischer Ware fragen Sie den Händler nach dem Herkunftsland. Vermeiden Sie Treibhauswaren, kaufen Sie Obst und Gemüse der Jahreszeit entsprechend. Es soll in erster Linie nahrhaft sein. Die Größe spielt dabei keine Rolle. Gleichmäßig runde Tomaten, Obst wie gemalt, gerade Gurken, Kartoffeln so ebenmäßig wie aus einer Maschine können nur das Produkt menschlicher Phantasie sein, die all ihr Wissen und Können darauf verwendet, Erzeugnisse auf den Markt zu bringen, die viel zu lange frisch aussehen und sich gut verpacken lassen.
Fleisch, Fisch und Eier sollen aus artgerechter Tierhaltung stammen. Fragen Sie Ihren Händler, woher er seine Waren bezieht.
Auch wenn kein bei uns erhältliches Lebensmittel giftig ist, so bietet der Markt doch Produkte an, die leer sind, es fehlen die Ballaststoffe, die Vitamine, die Mineralstoffe, die Ihr Körper braucht.
Hier sind einige Lebensmittel, die in der Vollwertküche nichts zu suchen haben:

– weiße Mehle und daraus hergestellte Waren wie Brote, Kuchen, Nudeln;

- parboiled Reis, polierten Reis, Corn-flakes,
- Obst-, Gemüse- und Pilzkonserven;
- Fleisch und Fischkonserven;
- Schmelzkäse, fettarme und Sterilmilch, Kondensmilch
- fette Wurst;
- Fruchtnektare, Fruchtsaftgetränke;
- Kakaogetränke und Kakaopulver mit diversen Zusatzstoffen;
- Limonaden, Cola-Getränke, Instantgetränke, Spirituosen;
- künstliche Aromastoffe, Branntweinessig, fertige Salatsaucen, Ketchup, Gewürzextrakte;
- heißgepreßte, raffinierte Fette und Öle, gehärtete Pflanzenfette, Nuß-Nougat-Erzeugnisse;
- erhitzter Honig, Kunsthonig, raffinierter Zucker, Traubenzucker, Süßstoffe;
- gesüßte Müslis, Saucenpulver, Instantsuppen und -brühen, Kartoffelzubereitungen aus der Tüte, Knödelpulver, Fertigbreis und Instantdesserts, Industrie-Eiscreme;
- alle buntgefärbten süßen Früchtchen, Bärchen, Bonbons, Naschwerk, Schokoriegel (ein Apfel läßt sich ebenso leicht unterwegs sauber verspeisen – und er ist gesund!).

Es ist wirklich einfach, sich und die Familie vollwertig zu ernähren. Was hindert Sie daran, Lebensmittel zu essen und zu trinken, die fit und fröhlich, rank und schlank, gesund und munter machen?

Sie wollen Ihre Familie und sich vollwertig ernähren? Dann empfehlen wir Ihnen für Ihren täglich wechselnden Speisezettel die folgenden Nahrungsmittel:

- Getreide und Getreideprodukte (Vollkornzubereitungen, frisch und gegart);
- Obst und Gemüse als Frischkost;
- Milch und Milchprodukte (auch milchsaure Produkte wie Sauerkraut);
- Kartoffeln;
- Nüsse und Samen;
- Sprossen und Keime;
- Gewürze und frische Kräuter;
- Butter, ungehärtete Pflanzenmargarine, ungehärtetes Kokosfett;
- kaltgepreßte, unraffinierte Öle;
- Mineralwasser, Früchte- und Kräutertees, frisch gepreßte Obst- und Gemüsesäfte.

Pflanzliche Nahrungsmittel sind ballaststoffreich; Ballaststoffe liefern keine Kalorien, die Darmtätigkeit wird durch sie angeregt. Nahrungsmittel tierischen Ursprungs enthalten keine Ballaststoffe.

Als Endverbraucher haben Sie durchaus Einfluß auf die Qualität der Lebensmittel. Sagen Sie dem Händler, daß Sie keine wunderschön anzuschauenden Radieschen mögen, die wäßrig schmecken, die auch nach Tagen noch wie frisch aussehen, weil sie chemisch oder radioaktiv behandelt wurden. Das gleiche gilt für die fade Treibhaustomate. Aber auch Chicorée ist häufig geschmacklos, und frische Champignons verströmen plötzlich beim Zubereiten nicht mehr ihr arttypisches Pilzaroma, gar nicht zu reden von Geschmack und Nährwert. Die muß irgend jemand gestohlen haben. Und das sollen und müssen wir Verbraucher uns nicht gefallen lassen.

Vollwertkost auf einen Blick

- Naturbelassene Nahrungsmittel bevorzugen;
- Vollkornzubereitungen statt Produkte aus weißem Mehl verwenden;

- viel frisches Obst und Gemüse aus biologischem Anbau, der Jahreszeit entsprechend, verzehren;
- sparsam salzen, Kräuter und Gewürze nehmen;
- kaltgepreßte Öle, ungehärtete Pflanzenfette, Butter für Salate, zum Braten, Kochen und Backen, als Brotaufstrich verwenden;
- Fleisch, Fisch, Eier, Milch und Milchprodukte aus artgerechter Tierhaltung kaufen;
- weniger Fleisch und Wurst essen;
- keinen weißen oder braunen Zucker verwenden; mit anderen Süßungsmitteln wie Honig, Ahornsirup, Obstdicksäften, Vollrohrzucker sparsam umgehen;
- Obst und Gemüse schonend erhitzen, wenig Flüssigkeit zum Kochen verwenden, bei geringer Hitze garen;
- auch beim Braten von Gemüse, Getreide, Fleisch und Fisch nicht die höchste Stufe einstellen, das Bratfett nicht bis zum Rauchen erhitzen, dabei verbrennen nicht nur die Wertstoffe, sondern auch die Nahrungsmittel; das Bratgut soll stets goldgelb aussehen;
- Obst, Gemüse, Fleisch und Fisch können Sie auch mit Hilfe eines Gemüsesiebes (Fachhandel) über Dampf garen;

- täglich 1,5 bis 2 Liter Flüssigkeit trinken: frische Milch, Mineralwasser, Früchte- und Kräutertees;
- auf Genußmittel wie Kaffee, schwarzen Tee, Wein, Bier und Spirituosen weitgehend verzichten.

Viele Menschen glauben, täglich nicht mehr ohne ihre Vitamintabletten und Vitaminkapseln auszukommen, weil sie Angst haben vor Krankheiten, die durch Vitaminmangel hervorgerufen werden können. Wer sich jedoch vollwertig ernährt, braucht sich um seine Vitaminversorgung keine Gedanken zu machen.

- Getreide (Müsli, Vollkornbrot, Vollkornreis, Getreidekeime) liefert neben Kohlenhydraten und kalorienfreien Ballaststoffen wertvolles pflanzliches Eiweiß, Vitamine und Mineralstoffe;
- Nüsse, Keimöl, kaltgepreßte, unraffinierte Öle sind reich an lebenswichtigen Fettsäuren und Vitamin E;
- Obst und Gemüse sind Vitamin-C-Lieferanten, sie enthalten wertvolle Mineral- und Ballaststoffe;
- zusammen mit Milch und Milchprodukten, ab und zu magerem Fleisch, Fisch und Ei enthält die vollwertige Nahrung alles, was zur Gesunderhaltung nötig ist.

Warum Zusatzstoffe in Lebensmitteln?

Zusätze müssen nur bei verpackten Lebensmittel angegeben werden, bei loser Ware wie Brot, Gemüse und Obst schreibt der Gesetzgeber das nicht vor.

Die folgenden Stoffe, die in Nahrungsmitteln enthalten sein können, sind nicht giftig, aber einige Wissenschaftler vermuten, daß sie einzeln oder mit anderen Stoffen aus unserer Umwelt Allergien auslösen können.

- Konservierungsstoffe sorgen für längere Haltbarkeit;
- Antioxidationsmittel verhindern das Verderben durch Luftsauerstoff;
- Emulgatoren verbinden ursprünglich nicht miteinander mischbare Stoffe wie beispielsweise Wasser und Fett;
- Stabilisatoren sorgen dafür, daß sich Lebensmittel nicht entmischen (ähnlich wie Emulgatoren);
- Geschmacksverstärker sind dafür verantwortlich, daß beispielsweise der gekaufte Erdbeerjoghurt intensiver nach Erdbeeren schmeckt als ein selbsthergestellter Erdbeerjoghurt;
- Gelier- und Verdickungsmittel sind beispielsweise in Fruchtjoghurt, Desserts, Gelees und Marmeladen enthalten.

Innerhalb der Europäischen Gemeinschaft wurden sogenannte E-Nummern festgelegt, die auf den Verpackungen angegeben sind. Dabei kennzeichnet E1 ... Farbstoffe; E2 ... Konservierungsstoffe; E3 ... Antioxidationsmittel; E4 ... Gelier- und Verdickungsmittel. Nummern ohne E sind vorläufig.

Mehl ist nicht gleich Mehl

Ohne Mehl kann man keine Kuchen, Torten und natürlich auch kein Brot backen – bis auf wenige Ausnahmen, bei denen der Teig aus Eiern, Zucker und gemahlenen Nüssen (als Mehlersatz) besteht.

Die wichtigsten bei uns verwendeten Getreidesorten sind Weizen, Roggen, Gerste und Hafer.

Nachdem das Getreide geerntet ist, werden in den Mühlen die einzelnen Bestandteile des Korns – die unverdauliche Schale, der Keimling, die eiweiß- und vitaminreichen Randschichten und der stärkereiche Mehlkörper – voneinander getrennt.

Daß Mehl nicht gleich Mehl ist, sehen Sie daran, daß im Handel sechs verschiedene Weizenmehle angeboten werden. Sie haben folgende Typenbezeichnungen: 405, 550, 812, 1050, 1600, 1700 (Backschrot). Es gibt sechs Roggenmehle mit den Typenbezeichnungen 815, 997, 1150, 1370, 1740 und 1800 (Backschrot). Außerdem gibt es Dinkelmehl mit den Typenbezeichnungen 630, 812 und 1050. Die Bezeichnung Backschrot erhält Mehl dann, wenn es aus dem gewaschenen Korn gemahlen wurde, dem lediglich der Keim und die äußeren Schalenteile fehlen.

Die Typenbezeichnung beim Mehl gibt den Ausmahlungsgrad, d. h. den Gehalt an Mineralstoffen. Zum Beispiel: Weizenmehl Type 405 enthält 405 Milligramm Mineralstoffe auf 100 Gramm. Mehl der Type 1050 enthält bereits 1050 Milligramm Mineralstoffe auf 100 Gramm. Je höher die Typenzahl, desto mehr Mineralstoffe, Vitamine und Ballaststoffe sind also im Mehl enthalten.

Vollkornmehl und Vollkornschrot aus Weizen, Roggen und Dinkel müssen die gesamten Bestandteile der gereinigten Körner, einschließlich des Keimlings, enthalten. Die Körner

dürfen vor der Verarbeitung nur von der äußeren Fruchtschale befreit worden sein.
Wollen Sie mit Vollkornmehl backen? Dann versuchen Sie doch einmal bei Mürbe-, Hefe-, Brand-, Blätter-, Plunder-, Pizza- und Rührteig ein Viertel des Weizenmehls gegen Weizenvollkornmehl auszutauschen. Nach und nach erhöhen Sie den Anteil an Vollkornmehlen. Bedenken Sie, daß Vollkornmehl mehr Flüssigkeit (Wasser, Milch, Fett) braucht. Und Hefeteige müssen besonders gründlich geknetet und geschlagen werden.
Falls Sie Ihr Mehl selbst mahlen, können Sie die groben Teile heraussieben. Vollkornmehle immer rasch verarbeiten und nicht wochenlang liegenlassen. Roggenmehle verderben schneller als Weizenmehle.
Wer allergisch auf Gluten (Kleber) reagiert, einen Eiweißbestandteil in Weizen, Roggen, Gerste, Dinkel und Hafer, weicht auf glutenfreies Getreide wie Hirse, Mais, Reis und Buchweizen aus.

Das Getreide

Die meisten Menschen denken bei dem Stichwort Getreide an die verschiedenen Mehle zum Backen. Dieses Buch zeigt Ihnen darüber hinaus, wie Sie Getreidekörner als Frischkost, als Müsli, als Suppeneinlage, als Bratlinge usw. verwenden können.
Für den Frischkornbrei empfiehlt sich der Kauf von ganzen Getreidekörnern, die am Abend vor dem Verzehr zerquetscht (Geräte dafür gibt's in Reformhäusern und Naturkostläden) und eingeweicht werden. Ganze Körner ebenfalls über Nacht einweichen und am folgenden Tag weich kochen. Sie können aber auch Getreideflocken fertig kaufen, die ebenfalls über Nacht eingeweicht werden.
Der Fachhandel bietet darüber hinaus auch verschiedene Dreikorn- oder Sechskorn-Mischungen an, die Sie für Frischkornbrei, fürs Müsli, für Suppen, Aufläufe und Gebäck verwenden können.
Für einen größeren Haushalt lohnt die Anschaffung einer Getreidemühle (Reformhäuser und Naturkostläden bieten unterschiedliche Fabrikate an) und/oder einer stabilen Küchenmaschine mit Mixer, Hobeln, Reiben, Knet- und Rührhaken, Getreidemühle mit zwölf Einstellungen von fein bis grob und Entsafter, die eine große Erleichterung darstellen, wenn sie in Reichweite stehen.

Die bei den folgenden Getreidesorten angegebenen Einweich-, Koch- und Nachquellzeiten sind Richtwerte. Es ist durchaus möglich, daß die Kochzeit geringer ist, was wiederum mit der Herkunft, der Qualität und dem Wassergehalt der Körner zusammenhängt. Oft sind auf den Verpackungen der Getreidekörner Einweich- und Kochzeiten genannt, nach denen Sie sich richten sollten.

Weizen

Weizen ist das Brotgetreide. Er wächst in mäßigem Klima auf gutem Boden. Der beste Weizen kommt aus Kanada. Durchschnittlich enthält er 70 Prozent Kohlenhydrate, 12 Prozent Eiweiß, 2 Prozent Mineralstoffe, 2 Prozent Rohfett, 2 Prozent Rohfasern. Diese Stoffe sind weitgehend im Weizenvollkornmehl enthalten. Weizenkörner 10 Stunden einweichen, eine Stunde köcheln, 30 Minuten nachquellen lassen.

Dinkel/Grünkern

Dinkel wird nur in Südwestdeutschland angebaut; es ist eine Weizenart. Der noch nicht vollreife Dinkel wird nach dem Ernten leicht gedarrt (gedörrt) und heißt dann Grünkern. Er besitzt einen hohen Nährwert und gilt als besonders magenfreundlich. Grünkern enthält durchschnittlich 70 Prozent Kohlenhydrate, 12 Prozent Eiweiß, 3 Prozent Rohfett, 2 Prozent Mineralstoffe.
Dinkelmehl und Dinkelschrot ergeben ein würziges Brot. Grünkern ist besonders reich an Vitaminen der B-Gruppe. Ganze Körner oder geschrotet für Aufläufe, Nachspeisen, als Suppeneinlage oder für fleischlose Mahlzeiten verwenden. Grünkern ganz ohne Einweichzeit 30 Minuten köcheln, anschließend 20 Minuten nachquellen lassen.

Roggen

Roggen stellt nicht so hohe Ansprüche an Boden und Klima wie der Weizen. Er ist geeignet für alle Backwaren, jedoch schwerer verdaulich als Weizenmehl. Außerdem sind die Backeigenschaften nicht so gut wie beim Weizenmehl, weshalb häufig Roggen- und Weizenmehle vermischt werden. Durchschnittlich enthält Roggen 72 Prozent Kohlenhydrate, 11 Prozent Eiweiß, 2 Prozent Mineralstoffe, 2,5 Prozent Rohfett und 2 Prozent Rohfasern.
Roggenkörner 10 Stunden einweichen, eine Stunde köcheln, 30 Minuten nachquellen lassen.

Hafer
Hafer ist leicht verdaulich und bei uns hauptsächlich als Flocken für Müsli und Brei bekannt. Hafermehle, -schrot und -flocken eignen sich ebensogut für süße wie pikante Backwaren und Desserts.
Hafer enthält im Durchschnitt 55 Prozent Kohlenhydrate, 10 Prozent Eiweiß, 10 Prozent Rohfasern, 5 Prozent Rohfett, 3 Prozent Mineralstoffe.
Haferkörner nicht einweichen, 20 Minuten köcheln, anschließend 30 Minuten nachquellen lassen.

Gerste
Gerste wird nicht nur für Bier verwendet. Mehl und Schrot sind für Pfannkuchen, Backwaren mit anderen Mehlsorten und Süßspeisen geeignet. Aus geschälter Gerste werden Graupen hergestellt.
Gerste enthält durchschnittlich 66 Prozent Kohlenhydrate, 10 Prozent Eiweiß, 4 Prozent Rohfasern, 2,5 Prozent Mineralstoffe, 2 Prozent Rohfett.
Gerstenkörner 10 Stunden einweichen, eine Stunde köcheln, 30 Minuten nachquellen lassen.

Buchweizen
Buchweizen gehört zu den Knöterichgewächsen. Aus seinem Mehl werden köstliche Pfannkuchen hergestellt. Buchweizenmehl und -grütze eignen sich für Süßspeisen und Klößchen als Suppeneinlage, gemischt mit Roggen- und Weizenmehl auch zum Backen. Die Durchschnittswerte sind 74 Prozent Kohlenhydrate, 8 Prozent Eiweiß, 1,5 Prozent Rohfett, 1,5 Prozent Rohfasern.
Buchweizenkörner nicht einweichen, 20 Minuten köcheln, 20 Minuten nachquellen lassen.

Hirse
Das Urgetreide des afrikanischen Kontinents ist besonders eiweißreich. Als aparte Beilage statt Kartoffeln, Nudeln oder Reis geeignet, auch als Suppeneinlage oder gemischt mit anderen Zutaten als Bratling.
Sie enthält durchschnittlich 60 Prozent Kohlenhydrate, 12 Prozent Eiweiß, 4 Prozent Mineralstoffe, 8 Prozent Rohfasern und 3 Prozent Rohfett.
Hirse nicht einweichen, 20 Minuten köcheln und 30 Minuten nachquellen lassen.

Mais
Das Urgetreide des amerikanischen Kontinents. Maismehl eignet sich nur zum Backen von Fladen; gemischt mit Roggen- und Weizenmehlen ist es aber auch für Brote geeignet. Aus Maismehl bzw. Maisgrieß wird Polenta als Beilage gekocht. Polenta kann man aber auch mit Zutaten zu Klößchen als Suppeneinlage verwenden oder panieren und backen.
Mais enthält etwa 78 Prozent Kohlenhydrate, 8 Prozent Eiweiß, 5 Prozent Rohfett, 1,5 Prozent Mineralstoffe.

Reis und Wildreis
In der Vollwertküche verwenden wir nur Vollkornreis, er schmeckt kräftiger und ist nährstoffreicher als der weiße, polierte Reis. Allerdings ist seine Kochzeit länger: 35 bis 45 Minuten leise köcheln lassen.
Wildreis ist eigentlich kein Reis, sondern der Samen eines nordamerikanischen Wassergrases. Er ist sehr teuer; verwenden Sie ihn sparsam oder gemischt mit Vollkornreis.
Vollkornreis ist geeignet für süße und pikante Aufläufe, gekocht als Beilage, als Einlage in Suppen.
Reis ist besonders leicht verdaulich. Er weist von allen Getreidesorten den geringsten Eiweißgehalt auf.

Quinoa
Diese südamerikanische Getreideart sprechen Sie „Kienwah" aus. Sie ist reich an Vitaminen der B-Gruppe und eine Beigabe zu Gemüsegerichten, in Eintöpfen und für Süßspeisen. Quinoa wird nicht eingeweicht, 15 Minuten köcheln und 5 Minuten nachquellen lassen.

Amaranth
Schon vor 3000 Jahren war Amaranth das Hauptnahrungsmittel in Mittelamerika. Es eignet sich als Suppeneinlage, für Pfannkuchen, Klöße, Backwaren und Süßspeisen.
Es enthält durchschnittlich 67 Prozent Kohlenhydrate, 17 Prozent Eiweiß, 8 Prozent Fett, 4,5 Prozent Ballaststoffe und 3,3 Prozent Mineralstoffe. Amaranth wird nicht eingeweicht; 15 Minuten köcheln und 10 Minuten ausquellen lassen.

Neben den hier aufgeführten Getreidesorten bietet der Fachhandel auch Getreidemischungen an, die ernährungsphysiologisch besonders wertvoll sind: als Körnermischungen, Mehle und Flockenmischungen.

Sprossen und Keime

Jetzt kommen wir zu einem Nahrungsmittel, das Sie so frisch nirgendwo kaufen können, das so gut wie ohne Schadstoffe auf den Tisch kommt und obendrein urgesund ist: Sprossen. Die gekeimten Samen haben sich nach wenigen Tagen nicht nur enorm vergrößert, sondern sie haben sich angereichert mit den Vitaminen A, B_1, B_2, B_3, B_{12}, C, D und E, darüber hinaus enthalten Sprossen Eisen, Fluor, Kalzium, Kalium, Kupfer, Magnesium, Mangan, Natrium, Phosphor und Zink. Das macht sie so wertvoll für unsere Ernährung.
Gut gereinigte und keimfähige Samen erhalten Sie in Reformhäusern und in Naturkostläden. Dort bekommen Sie auch Keimboxen in verschiedenen Größen und aus verschiedenen Materialien.

So keimen Samen richtig

Alle Samen brauchen zum Keimen:
- ein feuchtes (kein nasses) Milieu;
- gleichmäßige Temperatur zwischen 18 und 22 Grad Celsius;
- ausreichend Sauerstoff (nicht zuviel Samen auf einmal zum Keimen bringen);
- kein direktes Licht.

Zerbrochene Samen keimen schlecht oder gar nicht und gären, deshalb aussortieren.
Für die normalen Keimschalen benötigen Sie ungefähr 2 Eßlöffel Samen. Die geben Sie in eine Schüssel und gießen viel kaltes Wasser dazu. Nach wenigen Sekunden schwimmen kleine Verunreinigungen an der Wasseroberfläche, die Sie leicht abschöpfen können. Das Wasser ganz abgießen und die Samen nochmals unter kaltem, fließendem Wasser abspülen und ins Keimgerät geben.
Das Keimgerät stellen Sie an einen nicht zu hellen Ort, der obendrein zugfrei sein muß. Die Samen müssen täglich mindestens zweimal unter fließendem Wasser abgespült werden. Das Wasser im Keimgerät fortgießen und erneuern.
Nach drei bis vier Tagen können Sie mit der Ernte beginnen. Lediglich Alfalfa braucht 7 Tage zum Keimen. (Alfalfa – Luzerne – enthält Spuren von Canavavin, das innerhalb der siebentägigen Keimzeit vollständig abgebaut wird.)
Vor dem Verzehr die Sprossen nochmals kalt abspülen und abtropfen lassen.

Gelbe Sojabohnen sowie alle Hülsenfrüchte sollten Sie der besseren Verdaulichkeit wegen kurz heiß überbrühen oder 5 Minuten erhitzen.
Neben Sprießkornroggen, -weizen, -gerste und -hafer bekommen Sie im Reformhaus auch köstliche Samenmischungen wie beispielsweise die Gutsherrenmischung und die mildaromatische Mischung. Die Tabelle gibt Ihnen eine Übersicht über die Samen, die zum Keimen geeignet sind, über Keimdauer und Geschmack. Die Keimdauer hängt auch mit der Temperatur zusammen; der günstige Temperaturbereich liegt zwischen 18 und 22 Grad Celsius.
Alle Keime werden frisch (oder blanchiert) zur Rohkost gereicht. Sie schmecken auf Butterbrot, in Suppen und zu jedem Gemüse. Wenn Sie den gekeimten Samen etwas mehr Licht bieten (kein direktes Sonnenlicht), dann können Sie nach ungefähr acht Tagen köstliches Grünkraut ernten. Nach dem zwölften Tag nicht mehr ernten.
Sollte in Ihrer Keimbox einmal Schimmel auftreten, dann müssen Sie alle Samen wegwerfen und das Gerät gründlich heiß reinigen. Fäulnis entsteht bei schlechtem Keimgut oder bei feuchtem, warmem Standort.

Wenn Sie die Sprossen nicht auf einmal verspeisen wollen, können Sie sie locker in einer abgedeckten Schüssel zwei bis drei Tage im Kühlschrank aufbewahren. Wer Freude am Experimentieren findet, probiert selbst einige Mischungen aus; die Samen sollten jedoch die gleiche Keimdauer benötigen.

Diese Samen können Sie zum Keimen bringen

	ungefähre Keimdauer in Tagen	Geschmack	Blanchieren
Adzukibohne	4–5	herb	x
Alfalfa	6–7	leicht scharf	
Bockshornklee	3–4	herb	
Buchweizen	2–3	nussig	
Erbsen	3–4	süß	x
Gerste	3–4	süß	
Hafer	3–4	süß	
Hirse	3–4	süß	
Kichererbsen	3–4	nussig	x
Kresse	4–6	scharf	
Kürbiskerne	3–4	nussig	
Leinsamen	3–4	nussig	
Linsen	3–4	nussig	x
Mais	3–4	süß	x
Mungobohne	4–5	frisch	
Rettich	4–5	scharf	
Roggen	3–4	nussig	
Senf	2–3	sehr scharf	
Sesam	3–4	frisch	
Sojabohne, gelbe	5–6	süß	x
Sonnenblumen	3–4	nussig	
Weizen	4–5	süß	
Feinschmecker-mischung	4–6		
Gutsherrenmischung	4–6		
mild-aromatische Mischung	3–4		

Zucker und Salz

Das sind zwei vorzügliche Würzmittel. Im Laufe der Zeit haben wir uns jedoch daran gewöhnt, Zucker und Salz in immer größeren Mengen zu uns zu nehmen. Das Ergebnis: unsere Nahrung ist meist zu salzig oder viel zu süß.

Unser Haushaltszucker ist „leer", er enthält kein Eiweiß, kein Fett, keine Vitamine und Mineralstoffe. Honig und Fruchtsirupe enthalten die gleichen Bestandteile wie Zucker, deshalb sollen Sie sie ebenfalls sparsam zum Süßen verwenden. In nicht erhitztem Honig befinden sich jedoch – wenn auch unter 3 Prozent – Enzyme, organische Stoffe, Blütenpollen und organische Säuren, die seinen Wert für die menschliche Ernährung ausmachen. Dunkler Vollrohrzucker besitzt Mineralstoffe, und Fruchtsirupe (aus Zuckerrüben, Birnen, Äpfeln) sowie Ahornsirupe sind ebenfalls reich an Mineralstoffen und enthalten ungefähr 70 Prozent Zucker.

Den Zucker, der unseren Körper mit Energie versorgt, können wir aus frischem Obst, Kartoffeln, Hülsenfrüchten und Getreide beziehen. Gebrauchen Sie Süßungsmittel sparsam (versuchen Sie einmal einen frischen Obstsalat ohne Zucker, Honig und Sirup; der Zuckergehalt der reifen Früchte ist völlig ausreichend, und der Obstsalat verströmt ein köstliches Aroma, das nicht von Süßungsmitteln überdeckt wird). Ein wenig Vollrohrzucker, Honig usw. verstärkt den Eigengeschmack aller Speisen. Zum Süßen eignen sich auch Trockenfrüchte.

Auch mit Salz sollten Sie sehr sparsam umgehen. Entdecken Sie den Eigengeschmack von Gemüse und Salaten. Verwenden Sie Vollmeersalz oder Kräutersalz. Auch Gemüse- und Pilz-Hefe-Brühen, Frugola, Hefeflocken, Vitam-R, Gemüsebrühen-Instant und natürlich alle frischen oder getrockneten Kräuter sind vorzügliche Würzmittel.

Kräuter und Gewürze

In Gewürzen und Kräutern sind unter anderem Bitterstoffe, Gerbstoffe, Glukoside sowie Spurenelemente und Vitamine enthalten. Sie erhöhen nicht nur den Geschmack unserer Nahrungsmittel. Bereits kleine Mengen können sich wohltuend auf die Bekömmlichkeit der Speisen auswirken. Es ist kaum möglich, mit Kräutern zuviel zu würzen. Vielmehr werden alle Speisen durch Zugabe von Gewürzen und Kräutern abgerundet und aufgewertet.

Eine Reihe von Kräutern können Sie frisch kaufen, einige finden Sie in der freien Natur (das sind die Wildkräuter), viele Kräuter können Sie am Fensterbrett, auf dem Balkon oder im eigenen Garten anpflanzen.

Frische Kräuter, die nicht mit Wurzeln geliefert werden, stellen Sie in ein Gefäß mit Wasser (bitte täglich wechseln), oder Sie wickeln die gewaschenen frischen Kräuter in angefeuchtetes Küchenpapier und deponieren das Päckchen im Kühlschrank. Frische Kräuter werden nicht mitgekocht. Mitzugaren sind Pfefferkörner, ganze Nelken, Zimtstangen, Senfkörner, Rosmarin, Salbei und Beifuß, Bohnenkraut und Fenchelsamen, Ingwer, Kardamom, Kümmel, ganze Pimentkörner, Sellerieblätter, Vanilleschoten und Wacholderbeeren sowie Lorbeerblätter. Frische Kräuter werden vorsichtig gewaschen und getrocknet. Die zarten Blättchen besser auf das fertige Gericht zupfen oder mit einer scharfen Schere schneiden, statt breiartig fein hacken.

Getrocknete Kräuter und Gewürze nur in kleinen Mengen einkaufen, in dunklen Gläsern aufbewahren und innerhalb eines halben Jahres verbrauchen.

Probieren Sie auch einmal Kräuter und Gewürze, die Ihnen noch unbekannt sind. Sie werden staunen, mit wie wenig Aufwand Ihre Speisen eine besondere Note bekommen.

Agar-Agar

Ein Geliermittel aus gemahlenen Meeresalgen. Zu verwenden wie Gelatine.

Anis

Die Früchte des Anisstrauchs werden in der Brotbäckerei, für Obstsuppen, im Weihnachtsgebäck verwendet.

Basilikum

Das Gewürz der italienischen Küche, das bei uns immer beliebter wird. Es schmeckt aromatisch bis scharf. Klassisch mit Tomaten und Mozzarella. Würzt Käsesaucen, Salate und verträgt sich gut mit Spinat, Bohnen, Gurken und Möhren.

Beifuß

Beifuß würzt gebratene Kartoffeln, Schwarzwurzeln, rote und weiße Rüben sowie Kohlgemüse. Nur sparsam verwenden.

Biobin
Ein pflanzliches Bindemittel, glutenfrei und frei von verwertbaren Kohlenhydraten, besteht aus Johannisbrotmehl. Anstelle von Mehl, Stärkemehl, Gelatine, Eigelb zu verwenden: für Suppen, Saucen, Eiergerichte, Aufläufe, Remouladen, Dressings, Süßspeisen. Zum Andicken von Obst- und Gemüsesäften als Schlagsahnefestiger, als Tortenguß.

Bohnenkraut
Greifen Sie zu, wenn Ihnen frisches Bohnenkraut angeboten wird; zum Schluß über die fertigen Speisen zupfen. Getrocknetes Bohnenkraut wird mitgekocht. Würzt Bohneneintöpfe. Frisches Kraut für Möhren, Tomaten und Kartoffeln.

Bockshornkleesamen
Ein starkes Gewürz, gemahlen würzt es Quark, Kräutersaucen, deftige Gemüsegerichte.

Borretsch
Im Frühjahr und Sommer zu grünen Blattsalaten, würzt auch Gurken, Quark, Kartoffeln. Auch für gemischte Kräutersaucen verwendbar.

Brennessel
Ein Wildkraut. Um an die zarten Blättchen heranzukommen, müssen Sie schon hinaus in die Natur. Beim Ernten Handschuhe anziehen. Die jungen Blättchen überbrühen, sonst brennen sie auf der Zunge. Auch als Gemüse wie Spinat zu genießen.

Brunnenkresse
wächst auf feuchtem Milieu. Die jungen Keimblättchen ergeben einen herben Salat. Brunnenkresse wird häufig gebündelt verkauft. Eignet sich auch gut für Kräutersaucen oder in Verbindung mit anderen Salaten.

Carob
Zu verwenden wie Kakao. Carobpulver besteht aus den gemahlenen Früchten des Carobbaumes (Johannisbrotmehl). Es schmeckt aromatisch, ist natursüß ohne Zuckerzusatz, ohne Cholesterin, ohne Koffein, ohne Milcheiweiß und außerdem glutenfrei. Carobpulver aromatisiert und verfeinert Mehl- und Süßspeisen, Obstsalate, Müsli, Backwaren und Milch.

Chili
Die Schoten werden in unterschiedlicher Schärfe angeboten. Vor dem Verwenden auf jeden Fall ein kleines Stück probieren. Kleingehackt würzt Chili Quark, Käsesalate, deftige Eintöpfe, auch Möhren und geschmorte Gurken.

Curry
Das ist ein Mischgewürz aus Nelken, Kardamom, Ingwer, Kurkuma, Muskat, Pfeffer, Piment, Zimt und anderen Zutaten. In gut sortierten Gewürzläden finden Sie verschiedene scharfe bis milde Currysorten. Das Pulver würzt Reis, asiatische Gerichte, Gemüseeintöpfe, Möhren, Zwiebeln, Linsen.

Dill
Die grünen, aromatischen Blättchen würzen nicht nur Gurkensalate, sondern alle frischen Rohkostzubereitungen; sie eignen sich für Kräutersaucen, Möhren, Bohnen, Fenchelgemüse, geschmorte Pilze, Käsesaucen, Kartoffelzubereitungen. Die Blüten und Fruchtdolden zum Einlegen von Essiggemüse, für Salate und für Gemüsezubereitungen. Dill sparsam verwenden.

Eberraute
Völlig zu Unrecht ist dieses Wildkraut fast in Vergessenheit geraten. Man wird es kaum bei uns finden, aber Sie können es im eigenen Garten anpflanzen. Eberraute wird ähnlich wie Beifuß verwendet.

Estragon
Schmeckt zu frischen und geschmorten Gurken, zu Möhren, Kartoffelzubereitungen, zu Blattsalaten, in Kräutersaucen, zu Bohnengemüse und Bohneneintöpfen.

Fenchel
Die Samen würzen kräftige Brote; zerstoßen verwendet man Fenchelsamen für süßes Gebäck und Desserts, aber auch für gebratene Kartoffeln. Fenchelgrün würzt viele Gemüsegerichte und Käsesalate.

Frugola
Körniges Würzmittel aus Hefe, Salz und ungehärtetem Pflanzenfett mit Gewürzen. Schmeckt als Trinkbrühe, eignet sich statt Salz zum Gemüsegaren. Würzt alle Salate, Suppen, Sau-

cen. Frugola besitzt einen hohen Anteil an biologisch wertvollen Aminosäuren. Sparsam verwenden.

Frutilose
Ein eingedickter, säurearmer Fruchtdicksaft.

Hefeflocken
Sie sind reich an Vitamin B. Hefeflocken würzen Salatsaucen, Quark, Eintöpfe, Kartoffelzubereitungen, Getreide- oder Gemüsebratlinge.

Huflattich
Von vielen als Unkraut bezeichnet. Im Frühjahr erscheinen zuerst die goldgelben Blüten. Huflattich zu bunten Salattellern, mit Spinat gemischt, in Kräutersaucen, verbacken in Wildkräuterbrötchen.

Ingwer
Zum Würzen in Ihrer Küche ist am besten die frische Ingwerwurzel geeignet. Sie wird geschält und das gelbe Fleisch fein gehackt oder geraffelt. Ingwer würzt Desserts und Gebäck, exotische Obstsalate, aber auch Birnen, Äpfel, Pflaumen, Ananas, Früchte- oder Weinpunsch. Ein viel verwendetes Gewürz in asiatischen Küchen. Der frische Ingwer schmeckt sehr scharf; sehr sparsam verwenden.

Kardamom
Dieses feine Gewürz kommt aus Indien. Möglichst als Samenkapseln kaufen. Die darin enthaltenen Körner ganz oder im Mörser zerstoßen verwenden. Kardamom würzt Roggenbrote ebenso wie Kartoffelgerichte, Linsen, Gemüsezubereitungen, Desserts und gekochtes Obst.

Kerbel
Das frische Kraut würzt alle Frühlings- und Sommersalate, verleiht Möhren, Fenchelgemüse, Kartoffeln und gekochten Getreidezubereitungen einen angenehmen süßlichen Geschmack. Schmeckt auf Butterbrot und in Sauermilchzubereitungen.

Knoblauch
Ein Liliengewächs. Köstlich für den, der's mag, gräßlich für die anderen. Mit Knoblauch sparsam umgehen. Knoblauch ist Gewürz- und Heilpflanze zugleich. Den Blutdruck soll er regulieren, die Durchblutung fördern, Leber und Galle anregen. Knoblauchzehen werden fein gehackt und anschließend mit dem Messerrücken zerquetscht (oder durch die Knoblauchpresse gedrückt) und für Salatsaucen, Gemüsezubereitungen, für deftige Eintöpfe, in Quark verwendet. Dünn in Scheiben geschnitten und knusprig gebraten, schmeckt Knoblauch überm Salat, zum Gemüse, auf Butterbrot.

Koriander
Das frische grüne Kraut schmeckt zu vielen Gemüsen und zu Tomaten, Gurken, Mais und Paprikaschoten; sparsam verwenden. Die getrockneten Samen unzerkleinert zum Brotbacken verwenden. Im Mörser zerstoßen, würzt Koriander alle Kohlarten, Gemüseeintöpfe, aber auch gedämpfte Äpfel, Birken, Pflaumen und süßes Kleingebäck.

Kreuzkümmel
Ein Bestandteil des Currypulvers. Die Samen werden besonders viel in der Küche Asiens verwendet. Schmeckt kräftiger und strenger als unser gebräuchlicher Kümmel.

Kümmel
Mit Kümmel würzen Sie alle Kohlgemüse, rote Beten, Kartoffelzubereitungen, Quark, Käsesalate und würzige Brote.

Kräutersalz
Im Reformhaus erhalten Sie Kräutersalz zum gesunden Würzen für Quark, Gemüse, Salatsaucen und Suppen.

Kresse
Die zarten grünen Blättchen der Gartenkresse schmecken als würzigscharfer Salat, in Salat- und Kräutersaucen, auf Quark- und Butterbrot. Würzt alle Blatt-, Gurken- und Tomatensalate. Kresse können Sie leicht zu Hause in geeigneten Keimboxen (aus dem Reformhaus, im Naturkostladen) ziehen. Kresse wird auch eine stark bakterientötende Wirkung nachgesagt.

Kurkuma
Wird meist als gelbes Pulver angeboten, ist milder als Currypulver, verleiht allen Speisen ein gelbes Aussehen. Soll den Stoffwechsel anregen. Feines Gewürz für die Weihnachtsbäckerei und für asiatische Gerichte.

Lavendel
Die blauen Blüten sind ein Bestandteil der provenzalischen Kräuter. Sie können die getrockneten kleinen blauen Blüten auch sparsam über Salate streuen. Lavendel vertreibt Kopfschmerzen – und die Motten aus dem Kleiderschrank.

Liebstöckel
Auch Maggikraut genannt, obwohl es darin gar nicht vorkommt; würzt Salate und Gemüse, Kräutersaucen; auf Butterbrot mit Gurken, über gebackene Kartoffeln streuen.

Löwenzahn
Ursprünglich eine Wildpflanze, wird sie heute auf den Märkten im Frühling und Sommer angeboten. Als Löwenzahnsalat sehr herb, läßt sich gut mit anderen Salaten mischen. Löwenzahn kann auch als Gemüse zubereitet oder unter Spinat gegeben werden. Wenige Löwenzahnblätter würzen Salatsaucen und Wildkräuterbrötchen.

Lorbeer
Die getrockneten oder frischen Blätter würzen Kartoffelzubereitungen, Gemüsebrühen, Gemüsesülzen und eingelegtes Essiggemüse. Sparsam verwenden. Lorbeerblätter vor dem Verzehr aus dem Gericht entfernen.

Majoran
Das frische Kraut würzt Tomaten, Gurken, Gemüsezubereitungen, Kartoffeln, Bohnen. Schmeckt auf Butter-, Tomaten- und Gurkenbroten. Getrocknet würzt Majoran deftige Gemüseeintöpfe.

Meerrettich
Diese scharfe Wurzel ist in der Trennkost verboten.

Molkosan
Das vergorene Molkekonzentrat eignet sich gut zum Säuern von Salatsaucen – statt Zitronensaft und Essig, die bei der Trennkost nicht empfohlen werden.

Muskat
Die Muskatnuß mit ihrem fein-würzigen Aroma soll nur frisch gerieben über die Speisen gegeben werden. Sie würzt alle Kohlgemüse, Möhren, Kartoffeln und Gemüsezubereitungen. Die die Nuß umgebende Hülle wird getrocknet und kommt fein gemahlen als Muskatblüte in den Handel. Muskatblüte gehört in die Weihnachtsbäckerei.

Nelken
Gewürznelken für den Früchte- oder Rotweinpunsch, für Kompotte aus Kirschen, Brombeeren, Holunder. Eine ganze Zwiebel, gespickt mit zwei bis drei ganzen Nelken, verfeinert viele Eintopfgerichte. Die Nelken werden nicht mitgegessen. Mit Nelkenpulver würzt man Lebkuchen, Früchtebrote, Obstsalate, Desserts, rote Beten, Rotkohl. Sparsam verwenden.

Oregano
Wilder Majoran oder auch Dost genannt. Er wird über Pizza gestreut, zu Nudelgerichten und gemischten Sommersalaten verwendet. Getrocknet würzt es Paprikagemüse, Auberginen, Zwiebeln, Tomaten und Pilze.

Paprika
Das rote Pulver der Paprikaschoten wird in unterschiedlichen Schärfen angeboten. Es darf nicht gebraten werden. Es würzt Salatsaucen, Quarkspeisen, Mittelmeergemüse und gehört ins Kartoffelgulasch.

Pastinake
Ein Wildkraut, das an Wegen und auf Wiesen wächst, für Salate, Kräutersaucen und über Gemüsezubereitungen.

Petersilie
Die glatte Petersilie ist würziger als die krause. Petersilie würzt nicht nur Pellkartoffeln, Möhren, Bohnen, Erbsen, sondern auch Salat- und Kräutersaucen, alle Salate und Rohkostplatten. Zerpflückt über Gemüse streuen. Die Petersilienwurzel würzt Gemüseeintöpfe, schmeckt aber auch als eigenständiges Gemüse oder roh geraspelt zur Rohkost.

Pfeffer
Der schwarze Pfeffer wird aus unreif geernteten Pfefferkörnern hergestellt. Weißer Pfeffer wird aus reifen Körnern gewonnen. Roter Pfeffer ist reif, wird jedoch wenig bei uns angeboten. Pfeffer sollte stets frisch gemahlen über die Gerichte gestreut werden. Pfefferkörner in Gemüsebrühen vor dem Verzehr entfernen. Sparsam verwenden.

Pfefferminze
Ist nicht nur als durstlöschender Tee ein Genuß. Würzen Sie doch einmal mit wenigen Blättchen Zubereitungen aus der asiatischen Küche, Apfelkompott, Stachelbeeren oder Kiwi, beispielsweise in einer Konfitüre. Pfefferminze verzaubert im Sommer kalte Getränke mit oder ohne Alkohol.

Piment
Die ganzen Körner würzen Gemüseeintöpfe, Gemüsebrühen und -sülzen. Vor dem Verzehr entfernen. Ein bis zwei zerstoßene Pimentkörner schmecken im Roggenschrotbrot. Piment würzt rote Beten und Rotkohl.

Pimpernell
Wird auch Bibernelle genannt. Das frische Kraut würzt Kräutersaucen, Salate, Quarkzubereitungen, Tomaten, Gurken und Salatsaucen.

Portulak
Die Blätter sind vitaminreich und leicht salzig. Als Gewürzkraut wurde es jetzt wiederentdeckt. Für Quarkspeisen, Gemüse, Rohkost, auf Butterbrot.

Quendel
Wilder Thymian, nur in freier Natur in Mittelmeerländern zu finden. Zu verwenden wie Thymian.

Rosmarin
Die würzigen Nadeln können Sie mitbraten. Sie verleihen Gerichten einen besonders pikanten Geschmack. Im Mörser zerrieben, würzen sie Tomatensuppe, Paprikagemüse, Auberginen, Mais und Zucchini.

Safran
Safran zählt zu den teuersten Gewürzen der Welt. Es würzt Reisgerichte, Zubereitungen aus der asiatischen Küche, Gemüseeintöpfe und färbt Backwaren appetitlich gelb.

Salbei
Die pelzigen frischen Blätter sind gut geeignet, mit Kartoffeln gebraten zu werden. Salbei würzt sommerliche Gemüseeintöpfe und – sparsam verwendet – Salatsaucen und Kräuterquark.

Sauerampfer
Wächst auf Wiesen, Weiden und an Bachufern. Schmeckt säuerlich, für Kräutersaucen, Salate, mit Quark püriert, als Sauerampfersuppe.

Schabzigerklee
Er wächst im Hochgebirge. Im Handel bekommen Sie Schabzigerklee meist als Pulver. Besonders geeignet für Brotbäckerei, auf Pizza, im Quark und in Käsesalaten.

Schafgarbe
Ein Wildkraut. Schmeckt in grünen Blattsalaten, in Kräutersaucen, würzt Roggenbrote oder Wildkräuterbrötchen.

Schnittlauch
Ein vielseitiges Gewürz für Salatsaucen, Kräutersaucen, für alle Salate und Rohkost, für Kartoffeln, Bohnen, Möhren, Quarkzubereitungen, auf Butterbrot mit Tomatenscheiben, im Rettichsalat, für Eierspeisen.

Sellerie
Sellerie schmeckt nicht nur als Rohkost und gedünstet oder gebraten als Gemüse. Sellerieknolle und Sellerieblätter würzen Gemüsebrühen, Eintöpfe. Stauden- oder Bleichsellerie gehört in Gemüsebrühen. Sellerie verträgt sich gut mit Kartoffeln, Äpfeln und auch Erdbeeren.

Senf
Senfkörner eignen sich nicht nur zum Einlegen von Sauergemüse. Mit Gemüse gekocht, geben sie den Gerichten eine feine Schärfe. Senfkörner können mit Paniermehl gemischt werden zum Panieren von Gemüseschnitzeln und Getreidebratlingen. Sparsam verwenden.

Spitzwegerich
Ihn finden Sie nur an Wegen und auf Wiesen. Schmeckt an sommerlichen Salaten, in Kräutersaucen, zu Käsesalaten, in der Rohkost.

Sternanis
Die sternförmigen Kapseln müssen im Mörser zerrieben werden. Schmeckt in herzhaften Broten und in Weihnachtsgebäck, in Pflaumenkompott, im Punsch.

Thymian
Die frischen Blättchen würzen Tomatenzubereitungen, Gurken, gebratene Kartoffeln, Paprika- und Zucchinigemüse, Gemüseaufläufe, Pizzas, Gemüsebrühen und Eierspeisen.

Vanille
Die schwarzen Schoten müssen mit einem spitzen Messer aufgeschlitzt werden. Das Mark wird herausgekratzt und mit Desserts, Obst oder Gebäck gemischt. Die ausgekratzte Schote kann in Milchspeisen mitgekocht werden; vor dem Verzehr entfernen. Vanillemark kann mit Zucker vermischt werden, zum Aromatisieren von Tee, Kuchen, Sahne, Desserts und Obst.

Vitam-R
Eine Hefezubereitung, die statt Salz verwendet werden kann. Vitam-R schmeckt auf Butterbrot, würzt Salatsaucen, Eierspeisen, Quark, Gemüsebrühen. Gibt's in verschiedenen Geschmacksrichtungen im Reformhaus.

Wacholder
Die schwarzen Beeren würzen Sauerkraut, Gemüsebrühen und -sülzen. Sie werden nicht mitgegessen.

Weizenkeime
Sie finden sie in Reformhäusern. Weizenkeime, die den wertvollsten Teil des Weizenkorns darstellen werden über Salate gestreut, über Gemüsesuppen in Gemüsebrühen, sie werten das morgendliche Müsli auf.

Zimt
Die Zimtstange würzt, mitgekocht, Süßspeisen, Getränke, Früchte- und Weinsuppen. Gemahlener Zimt für gedünstete Äpfel, Birnen, Pflaumen, Kürbis.

Zitronenmelisse
Das frische, säuerliche Kraut verfeinert, sparsam verwendet, Rohkost, frische Salate, gedünstetes Obst, Tomaten, Kräutersaucen und sommerliche Erfrischungsgetränke.

Wichtige Regeln und Hinweise

- Eiweiß-Mahlzeiten sind durch Kopf- und Fußlinien gekennzeichnet.
- Kohlenhydrat-Mahlzeiten sind durch Kopf- und Fußlinien gekennzeichnet.
- Neutrale Kost ist durch schwarze Kopf- und Fußlinien gekennzeichnet.
- Bei der Maßangabe TL (= Teelöffel) und EL (= Eßlöffel) ist ein gestrichenes Maß gemeint.
- Bei der Angabe der Zutaten wird von der Rohware ausgegangen.
- Der Hinweis „küchenfertig" bezieht sich auf vorbereitete (geputzte) Ware.
- Übergehen Sie keine Mahlzeit!
- Gehen Sie nie hungrig einkaufen!
- Kauen Sie alle Nahrung so lange wie möglich.
- Trinken Sie zwei Liter Flüssigkeit am Tag, aber möglichst nicht zu den Mahlzeiten, sondern danach.
- Essen Sie mittags eine Eiweiß-Mahlzeit und abends eine Kohlenhydrat-Mahlzeit.
- Nach 15 Uhr wegen der Verdauung kein konzentriertes Eiweiß und keine Milch mehr trinken. Angesäuerte Milch und Milchprodukte sind verträglicher (Buttermilch, Kefir, Joghurt, Dickmilch, Molke).
- Dünsten Sie das Gemüse in wenig Wasser. Im Fachhandel sind Gemüsesiebe erhältlich, mit denen über Dampf gegart wird.
- Verwenden Sie das Gemüsekochwasser beispielsweise von Kartoffeln für Kartoffelbrei oder für Suppen, Saucen – auch Salatsaucen.
- Vor jeder Hauptmahlzeit Salate oder Rohkost verzehren.
- Zum Anbraten von Zwiebeln, Fleisch, Fisch oder Getreidebratlingen können Sie Mineralwasser verwenden, das spart Fett.
- Zum fettfreien Braten können Sie bei RBH, Postfach 130168, 4600 Dortmund 13, „panfit Brat-Papier" beziehen.
- Statt Essig Zitronensaft, Molkosan, Brottrunk oder Buttermilch verwenden.
- Säurereiches Obst wie saure Äpfel, Beeren, Stein- und Kernobst und Zitrusfrüchte nicht mit kohlenhydratreichen Nahrungsmitteln mischen.
- Bei Zeitmangel kochen Sie auf Vorrat: Garen Sie beispielsweise für eine Eiweiß-Mahlzeit Möhren mit Seelachsfilet (oder Hähnchenschnitzel), am nächsten Tag kombinieren Sie die Möhren mit Bratkartoffeln für eine Kohlenhydrat-Mahlzeit.
- Frikadellen und Getreidebratlinge nicht mit Ei, sondern mit Quark oder geriebenen Möhren mischen. Zum Panieren Nüsse oder Sesam verwenden.
- Stark Übergewichtige verzehren wenig Fett (Butter, Öl, Nüsse und Samen, fettreiche Fleisch- und Wurstwaren, fettreichen Käse sowie süße und saure Sahne).
- Denken Sie beim Abnehmen daran: das Stückchen Schokolade, der Cognac, die heiße Fleischwurst laufen Ihnen nicht weg; Sie können sie nach erfolgreicher Diät mit viel mehr Genuß essen – wenn Sie darauf überhaupt noch Appetit haben, aber nicht täglich und vor allen Dingen in nicht zu großen Mengen.
- Heranwachsende und körperlich schwer arbeitende Menschen müssen die Kalorienaufnahme durch Kohlenhydrate erhöhen.
- Jede Bewegung unterstützt die Gewichtsabnahme: spazierengehen, radfahren, wandern, schwimmen, Gymnastik usw.

- Nehmen Sie sich Zeit zum Essen. Decken Sie sich, auch wenn Sie allein essen, den Tisch mit Blumen und eventuell Kerzen. Ordnen Sie das Essen auf dem Teller appetitlich an. Ein Blättchen Petersilie, ein Stück Tomate oder Paprikaschote, ein Pilz, gehackte Kräuter oder Zwiebelringe lassen Ihre Mahlzeiten auch zu einem optischen Genuß werden.
- Wenn Sie unter hohem Blutdruck leiden, verringern Sie den Salzkonsum, lernen Sie den arttypischen Geschmack der Nahrungsmittel kennen und genießen.
- Wenn der Arzt bei Ihnen einen hohen Cholesterinspiegel (über 240 Milligramm pro Zehntelliter Blut) festgestellt hat, sollten Sie auf folgende Produkte weitgehend verzichten: Eigelb (in Reformhäusern und Apotheken erhalten Sie Eiersatz; Diät-Dotterfrei können Sie beziehen bei Union Deutsche Lebensmittelwerke GmbH, Dammtorwall 15, 2000 Hamburg 36, Telefon 040/34 930).
  Verzichten Sie auf alle Innereien, Krabben, Hummer, Krebse, Scampi usw. Austern, Kaviar, Butter, Butterschmalz (statt dessen verwenden Sie Distelöl, Maiskeimöl, Sonnenblumenöl, Olivenöl, Diätpflanzenöl, Diätpflanzencreme), fettreiche Käsesorten (mit mehr als 30 Prozent Fett i. Tr.), auf saure oder süße Sahne, Crème fraîche, Eierteigwaren (die meisten italienischen Nudeln sind eifrei).
  Verzichten Sie auf fettes Fleisch (und fette Wurstwaren), schneiden Sie alles sichtbare Fett ab, verzichten Sie auf fettreiches Geflügel wie Gänse, Ente; Brathähnchen ohne Haut verzehren.
  Cholesterin finden sie nur in tierischen Produkten. Allerdings sollten Sie auch Kokosfette (Kokosnüsse), Palmöle und Pflanzenmargarine meiden, sie enthalten zu viele gesättigte Fettsäuren. Achten Sie bei Margarine auf den Hinweis „Diätmargarine" oder den Hinweis „reich an Linolsäure" oder „reich an mehrfach ungesättigten Fettsäuren". Kaffeeweißer enthält meistens ebenfalls Fette, die reich an gesättigten Fettsäuren sind, also meiden.

Die Maße in diesem Buch (Durchschnittswerte)

1 EL Butter (ungehärtetes Kokosfett, Margarine) = 10 g
1 TL Butter (ungehärtetes Kokosfett, Margarine) = 4 g
1 EL Öl = 10 g
1 TL Öl = 3 g
1 EL Vollkornmehl = 10 g
1 EL süße Sahne = 15 g
1 EL Sahnedickmilch = 20 g
1 EL Bienenhonig oder Frutilose = 20 g
1 TL Bienenhonig oder Frutilose = 10 g
1 EL Rosinen = 20 g
1 EL kernige Haferflocken = 8 g
1 gehäufter EL gemahlene Nüsse oder Kokosraspel = 15 g
1 EL Sonnenblumenkerne = 8 g

Die Abkürzungen in diesem Buch

EL	= Eßlöffel	cl	= Zentiliter
TL	= Teelöffel	Msp.	= Messerspitze
g	= Gramm	TK	= Tiefkühl...
kg	= Kilogramm	%	= Prozent
l	= Liter	ø	= Durchmesser
ml	= Milliliter	cm	= Zentimeter

Zu Beginn des Tages – feine Frühstücksideen

Damit Ihr Körper morgens so richtig schön in Schwung kommt, dürfen Sie auf ein Frühstück nicht verzichten – selbst wenn Sie keinen Hunger haben: Verzehren Sie ein Stück Obst oder rohes Gemüse, dazu ein Glas Milch oder Buttermilch. Oder versuchen Sie unsere Müslivariationen, die erfrischenden Getränke sowie die kerngesunden Frühstücksbrote.
Auf den folgenden Seiten finden Sie streng nach den Regeln der Hayschen Trennkost getrennt: eiweißreiche Nahrung (mit blauen Linien gekennzeichnet), kohlenhydratreiche Nahrung (mit roten Linien gekennzeichnet) sowie neutrale Kost (mit schwarzen Linien gekennzeichnet).

Himbeerkefir

für 1 Person

100 g geputzte Himbeeren
1 EL Frutilose
250 g kalter Kefir

1. Die Himbeeren mit dem Schneidstab pürieren und das Püree mit der Frutilose süßen.
2. Den Kefir nach und nach hinzufügen und daruntermixen.
(auf dem Foto: oben links)

DER GUTE TIP

Dieser fruchtige Kefir kann je nach Jahreszeit mit anderen Früchten, zum Beispiel mit Erdbeeren, Orangen, Heidelbeeren, Mango, Johannisbeeren, Brombeeren, zubereitet werden.

Ananasjoghurt

für 1 Person

¼ frische Ananas
150 g Joghurt, 3,5% Fett
1 EL Honig
3 Blättchen Zitronenmelisse

1. Die Ananas gründlich schälen, mit einem spitzen Messer braune Augen entfernen und das Fruchtfleisch kleinschneiden.
2. Den Joghurt mit einem Schneebesen cremig rühren, mit dem Honig süßen und die Ananasstückchen hinzufügen. Die Joghurtcreme mit den Melisseblättchen garnieren.
(auf dem Foto: unten links)

Grapefruit mit würzigem Hüttenkäse

für 2 Personen

1 rosa Grapefruit
150 g Hüttenkäse
40 g roher Rinderschinken
2 kleine Dillzweige

1. Die Grapefruit halbieren. Mit einem scharfen Messer das Fruchtfleisch herauslösen. Größere Stücke kleinschneiden. Fruchtreste aus den Grapefruithälften entfernen.
2. Die Grapefruitstückchen mit dem Hüttenkäse mischen und die Grapefruithälften damit füllen.
3. Den Schinken in dünne Streifen schneiden, auf die Grapefruithälften legen und mit Dill garnieren.
(auf dem Foto: oben rechts)

Apfel-Möhren-Rohkost

für 2 Personen

2 mittelgroße Äpfel
300 g Möhren
1 EL Leinsamen
1 EL Honig
2 EL süße Sahne

1. Die Äpfel und die Möhren waschen, schälen und mittelgrob raspeln.
2. Den Leinsamen unterrühren und mit dem Honig süßen. Anschließend mit Sahne verfeinern.

DER GUTE TIP

Diese saftige und vitaminreiche Rohkost ist auch als Zwischenmahlzeit bestens geeignet.

Quark mit Erdbeeren

für 2 Personen

- *250 g geputzte Erdbeeren*
- *3 EL Honig*
- *250 g Quark, 20% Fett i.Tr.*
- *2 TL Sesam*

1. Einige schöne Erdbeeren für die Garnitur beiseite legen. Die restlichen Erdbeeren im Mixer pürieren.
2. Das Fruchtmus mit dem Honig süßen und mit dem Quark mischen.
3. Den Erdbeerquark in zwei Schälchen füllen, mit dem Sesam bestreuen und mit den zurückbehaltenen Erdbeeren garnieren.
(auf dem Foto: unten rechts)

DER GUTE TIP

Bevor Sie mit der Trennkost beginnen, empfiehlt sich ein Fastentag einzulegen: entweder drei Liter Kräutertee, Früchtetee oder stilles Mineralwasser über den Tag verteilt trinken oder dreimal täglich 60 Gramm Naturreis (Rohware) in Wasser gekocht mit selbstzubereitetem Apfelmus essen oder eine Gemüsesuppe aus zwei Bund Suppengrün und zwei mittelgroßen Kartoffeln, zum Würzen eignen sich Kräuter oder pflanzliche Brühe.

Exotischer Buttermilchdrink

für 2 Personen

- *1 dicke Scheibe frische Ananas*
- *1 Orange*
- *1 EL Frutilose oder 1 TL Honig*
- *1 EL weißer Rum*
- *250 g Buttermilch*
- *1 TL Kokosraspel*
- *2 Zweige Minze*

1. Von der Ananas die Schale entfernen und das Fruchtfleisch in sehr kleine Stückchen hacken.
2. Die Orange halbieren. Die eine Hälfte auspressen, von der anderen die Schale abschneiden und das Fruchtfleisch fein würfeln.
3. Die Ananas- und die Orangenstücke mit der Frutilose oder dem Honig, mit dem Orangensaft und dem Rum mischen. 30 Minuten durchziehen lassen.
4. Danach die Buttermilch dazugießen, alles verrühren und in zwei hohe Gläser füllen.
5. Die Kokosraspeln in einer fettfreien Pfanne leicht rösten. Die Drinks mit den Kokosraspeln bestreuen und mit Minzeblättchen garnieren.

Melonenkugeln mit Zitrone

für 2 Personen

1 reife Netz- oder Honigmelone
4 EL Sahnedickmilch
2 EL Zitronensaft
1 Msp. gemahlener Ingwer
¼ TL gemahlener Zimt

1. Aus der halbierten Melone Kugeln ausstechen, das restliche Fruchtfleisch aus der Melone herausschaben und im Mixer pürieren.
2. Das Püree mit der Sahnedickmilch und dem Zitronensaft verrühren und mit den Gewürzen pikant abschmecken.
3. Die Melonenkugeln in Dessertschalen anrichten, mit der Sauce begießen und für 2 Stunden kühl stellen.
(auf dem Foto: links)

Orangenquark

für 1 Person

100 g Quark, 20% Fett i.Tr.
1 EL Limonensaft
1 TL Akazienhonig
1 Orange
abgeriebene Schale von
½ unbehandelten Orange
1 EL Mineralwasser
2–3 Minzeblätter

1. Den Quark mit dem Limonensaft und dem Honig verrühren.
2. Die Orange schälen, in Schnitze teilen, in kleine Stückchen schneiden und mit der Orangenschale unter den Quark rühren.
3. Den Orangenquark vor dem Servieren mit Mineralwasser auflockern und mit Minze bestreuen.
(auf dem Foto: Mitte)

Möhren-Apfel-Salat

für 1 Person

1 mittelgroße Möhre
1 säuerlicher Apfel
½ Becher Joghurt, 3,5% Fett
1 EL Sonnenblumenkerne
1 EL ungeschwefelte Rosinen
1 TL Sonnenblumenöl
1 TL Honig
1 EL gemahlene Nüsse

1. Die Möhre schälen, erst in Scheiben, dann in feine Stifte schneiden.
2. Den Apfel waschen, vierteln, entkernen und mit der Schale grob raspeln. Apfel und Möhre in einer kleinen Schüssel mischen.
3. Den Joghurt, die Sonnenblumenkerne, die Rosinen, das Öl und den Honig unter die Möhren-Apfel-Mischung rühren und die Nüsse darüberstreuen.

Frischkäse mit Obst

für 4 Personen

600 g Früchte der Saison
400 g körniger Frischkäse
1 EL Orangenblütenhonig

1. Die Früchte putzen, in mundgerechte Stücke schneiden.
2. Den körnigen Frischkäse (Hüttenkäse) mit dem Honig verrühren.
3. Ein Drittel der Früchte unter den Frischkäse geben und auf vier Schälchen verteilen.
4. Die restlichen Früchte darübergeben.
(auf dem Foto: rechts)

Grapefruit mit Frischkäse

für 2 Personen

1 rosa Grapefruit
1 EL Frutilose
150 g Frischkäse
4 Minzeblättchen

1. Die Grapefruit halbieren. Mit einem scharfen Messer an den Zwischenhäuten einschneiden und das Fruchtfleisch herauslösen. Größere Stücke kleinschneiden.
2. Den Saft auffangen, in der Schale verbliebenes Fruchtfleisch auspressen und den Saft mit der Frutilose mischen.
3. Den Frischkäse mit dem gesüßten Saft verrühren und die Grapefruitstücke darunterziehen.
4. Fruchtreste aus den Grapefruithälften entfernen. Die Hälften mit der Frischkäsemischung füllen und mit den Minzeblättchen dekorieren.
(auf dem Foto oben)

Apfel-Blutorangen-Salat

für 1 Person

1 säuerlicher Apfel
1 EL Zitronensaft
1 Blutorange
1 Becher Joghurt, 3,5% Fett
1 TL Honig
1 Msp. Ingwer
1 TL Sesam

1. Den Apfel waschen, vierteln, entkernen und mit der Schale in schmale Spalten schneiden. Sofort den Zitronensaft darüberträufeln.
2. Von der Orange die Schale und die weiße Haut abschneiden. Die Frucht jeweils an den Zwischenhäuten einschneiden und die Filets herauslösen. Die Filets in Stücke schneiden, in ein Schälchen geben und den Saft aus den Orangeresten mit der Hand dazupressen.
3. Die Apfelspalten mit den Orangenstückchen mischen.
4. Den Joghurt mit dem Honig und dem Ingwer verrühren und unter den Salat mischen.
5. Den Sesam in einer beschichteten Pfanne ohne Fett rösen und darüberstreuen.
(auf dem Foto oben)

Quinoajoghurt mit Heidelbeeren

für 1 Person

25 g Quinoa
90 ml Wasser
1 TL Honig
½ TL Zimt
etwas abgeriebene Schale einer unbehandelten Zitrone
75 g Joghurt, 3,5% Fett
2 EL Heidelbeeren (frisch oder Tiefkühlware)
1 TL Mandelsplitter

1. Quinoa und Wasser in einen Topf geben, unter Rühren zum Kochen bringen und bei milder Hitze etwa 5 Minuten quellen lassen. Anschließend auf ausgeschalteter Platte noch 5 Minuten nachquellen lassen. Ab und zu umrühren.
2. Mit dem Honig, dem Zimt, der abgeriebenen Zitronenschale abschmekken und den Joghurt unterrühren. Zum Schluß die gewaschenen Heidelbeeren unterheben.
3. Den Quinoajoghurt in eine Dessertschale füllen und mit den Mandelsplittern bestreut servieren.
(auf dem Foto: links)

DER GUTE TIP

Getreideflocken, die Sie im Handel kaufen, werden der besseren Haltbarkeit wegen erhitzt. Es gibt inzwischen eine Flockenquetsche, mit der Sie aus ganzen Getreidekörnern selber Ihre Flocken vor jeder Mahlzeit frisch zubereiten können.

Buchweizengrütze

für 1 Person

2 EL Buchweizengrütze
6 EL Wasser
100 g Möhren
1 TL Ahornsirup
1 EL süße Sahne

1. Die Buchweizengrütze mit dem Wasser aufkochen, von der Kochstelle nehmen und etwa 20 Minuten ausquellen lassen.
2. Die Möhren schälen, fein raspeln und unter die Grütze rühren.
3. Mit dem Ahornsirup süßen und vor dem Servieren mit der süßen Sahne verfeinern.
(auf dem Foto: rechts)

DER GUTE TIP

Statt der süßen Sahne können Sie zur Abwechslung auch einen Eßlöffel Creme fraîche unter die Buchweizengrütze rühren.

Frischkornbrei

für 2 Personen

100 g Sechskornmischung
8 EL Mineralwasser
1 EL Honig
2 EL süße Sahne
1 EL gehackte Walnüsse

1. Die Getreidemischung grob schroten, in eine Schale geben und in dem Mineralwasser über Nacht quellen lassen.
2. Anschließend mit dem Honig süßen und mit der Sahne verfeinern. Mit den gehackten Walnüssen bestreut servieren.

Dreikornflocken mit Sanddorn

für 1 Person

3 EL Dreikornflocken
1 EL Leinsamen
1 mürber Apfel
100 g Joghurt, 3,5% Fett
1½ EL Sanddorn (im Reformhaus erhältlich)
1 TL Honig
1 EL grobgehackte Haselnüsse

1. Die Dreikornflocken mit dem Leinsamen in einem Schälchen mischen.
2. Den Apfel waschen, vierteln, entkernen und mit der Schale grob reiben. Zu der Flocken-Leinsamen-Mischung geben.
3. Den Joghurt, den Sanddorn und den Honig mischen und über die Flockenmischung geben. Das Müsli mit den Haselnüssen bestreuen.
(auf dem Foto: links)

Pflaumenmüsli

für 1 Person

3 ungeschwefelte Trockenpflaumen
4–5 EL Wasser
3 EL kernige Haferflocken
4 EL Kefir
1 EL Honig
1 EL gehackte Mandeln

1. Die Pflaumen in kleine Würfel schneiden und über Nacht in dem Wasser quellen lassen.
2. Am nächsten Morgen die Haferflocken mit den Pflaumen mischen.
3. Anschließend den Kefir darüber gießen, das Müsli mit dem Honig süßen und die Mandeln darüberstreuen.
(auf dem Foto: rechts)

DER GUTE TIP

Kernige Getreideflocken über Nacht in etwa 5 EL kaltem Wasser einweichen. Dadurch werden sie bekömmlicher und schmecken besser.

Aprikosenmüsli

für 1 Person

4 ungeschwefelte Trockenaprikosen
2 EL Haferflocken
60 ml Wasser
1 EL süße Sahne
1 TL Honig
4 feingehackte Pecannüsse

1. Die getrockneten Aprikosen grob würfeln und mit den Haferflocken über Nacht in dem Wasser einweichen.
2. Am nächsten Morgen die Sahne mit dem Honig unter das Müsli rühren. Mit den Nüssen bestreuen.

Weizenflocken-grütze

für 1 Person

50 g Weizenflocken
¼ l Wasser
1 Prise Meersalz
1 Msp. Frugola
1 TL kalte Butter

1. Die Weizenflocken mit dem Wasser in einem kleinen Topf erwärmen und unter Rühren langsam aufkochen lassen.
2. Mit dem Meersalz und Frugola abschmecken, die fertige Grütze in eine Schale geben und die kalte Butter in Flöckchen daraufsetzen.
(auf dem Foto: oben Mitte)

DER GUTE TIP

Wer die Weizengrütze lieber süß ißt, kann sie statt mit Salz mit 1 TL Honig abschmecken und statt mit Butter mit 1 EL süßer Sahne verfeinern. Dadurch erhöht sich allerdings die Kalorienzahl.

Aprikosen-Hirse-Grütze

für 1 Person

3 ungeschwefelte Trockenaprikosen
¼ l Wasser
2 EL süße Sahne
50 g feingemahlene Hirse
1 TL Honig

1. Die Aprikosen in wenig Wasser über Nacht quellen lassen.
2. Das Wasser zusammen mit der süßen Sahne in einem kleinen Topf erwärmen. Das Hirsemehl unter Rühren hineinstreuen und kurz aufkochen lassen.
3. Die eingeweichten Aprikosen in kleine Würfel schneiden. Den Hirsebrei mit dem Honig süßen und vor dem Servieren mit den Aprikosen bestreuen.
(auf dem Foto: oben rechts)

Haferflockenmüsli

für 1 Person

3 EL kernige Haferflocken
6 EL Kefir
1 EL ungeschwefelte Rosinen
1 EL gehackte Mandeln
1 EL Ahornsirup
½ vollreife Banane

1. Die Haferflocken in ein Schälchen geben und mit dem Kefir verrühren.
2. Die Rosinen und die Mandeln dazugeben und das Müsli mit dem Ahornsirup süßen.
3. Die Banane in dünne Scheiben schneiden und um das Müsli legen.
(auf dem Foto: oben links)

Amaranthbrei

für 1 Person

25 g Amaranth
150 ml Wasser
½ TL abgeriebene Schale einer unbehandelten Zitrone
2 EL Sahnedickmilch
1 EL ungeschwefelte Rosinen
5 gehackte Mandeln
1 TL Frutilose
½ TL Zimt

1. Den Amaranth zusammen mit der abgeriebenen Zitronenschale in das Wasser rühren und in einem Topf auf dem Herd 15 Minuten bei leichter Hitze köcheln lassen.

2. Anschließend den Amaranth abkühlen lassen und mit der Sahnedickmilch, den Rosinen, den Mandeln, der Frutilose und dem Zimt verrühren.

Dinkelmüsli mit Sesam

für 1 Person

3 EL feingeschroteter Dinkel
⅛ l Wasser
1 EL Honig
2 EL süße Sahne
1 TL Sesam
1 EL ungeschwefelte Rosinen
1 EL Sonnenblumenkerne

1. Das Dinkelschrot mit dem Wasser verrühren und über Nacht im Kühlschrank quellen lassen.
2. Am nächsten Morgen das eingeweichte Schrot kurz aufkochen lassen und den Honig sowie die süße Sahne hinzufügen.
3. Nun den Sesam in einer beschichteten Pfanne ohne Fett kurz rösten und mit den Rosinen und den Sonnenblumenkernen über das Müsli streuen.
(auf dem Foto: unten rechts)

Birnenmüsli

für 1 Person

2 ungeschwefelte Trockenbirnen
50 g feingeschroteter Weizen
200 ml Wasser
2 EL süße Sahne
1 EL Honig
1 TL Leinsamen
1 TL Sonnenblumenkerne
1 EL gehackte Mandeln
1 ungeschwefelte Trockenaprikose

1. Die Birnen fein würfeln und mit dem Weizenschrot mischen. Das Wasser darunterrühren und alles über Nacht im Kühlschrank quellen lassen.
2. Am nächsten Morgen den Getreidebrei in einen Topf geben, kurz aufkochen lassen und mit der süßen Sahne verfeinern.
3. Mit dem Honig süßen und mit dem Leinsamen, den Sonnenblumenkernen und den Mandeln bestreuen.
4. Die Aprikose würfeln und vor dem Servieren über das Müsli geben.
(auf dem Foto: unten Mitte)

Heidelbeercreme

für 2 Personen

200 g Heidelbeeren
75 g süße Sahne
2 EL Quark, 20% Fett i. Tr.
2 EL Frutilose

1. Von den Heidelbeeren einige Früchte für die Dekoration beiseite legen. Die Sahne steif schlagen.
2. Die restlichen Beeren zusammen mit dem Quark im Mixer pürieren und mit der Frutilose süßen.
3. Zuletzt zwei Drittel der Sahne unter das Püree ziehen und die Creme in zwei Dessertgläser geben. Jeweils ein Sahnehäubchen daraufsetzen und die Creme mit den restlichen Heidelbeeren garnieren.
(auf dem Foto Seite 47: oben links)

DER GUTE TIP

Heidelbeeren (Blaubeeren) gibt es nur wenige Wochen im Jahr frisch. Feste Früchte lassen sich gut in Gefrierbeuteln oder Gefrierboxen einfrieren.

Heidelbeeren mit Zimtsahne

für 1 Person

80 g Heidelbeeren
1 EL Akazienhonig
3 EL süße Sahne
½ TL Zimt
1 TL Mandelblättchen

1. Die Heidelbeeren verlesen, waschen, gut abtropfen lassen und mit dem Honig süßen. Anschließend die Früchte in ein Dessertglas oder ein dekoratives Schälchen füllen.
2. Die Sahne steif schlagen und den Zimt darunterziehen. Die Zimtsahne auf den Heidelbeeren verteilen.
3. Die Mandelblättchen ohne Fett in einer Pfanne rösten, abkühlen lassen und über die Sahne streuen.
(auf dem Foto oben)

Zaziki

für 1 Person

125 g Salatgurke
1 Becher Joghurt, 3,5% Fett
etwas Kräutersalz
1 Knoblauchzehe

1. Die Gurke schälen, fein raspeln, mit dem Joghurt verrühren und mit dem Kräutersalz leicht würzen.
2. Den geschälten Knoblauch durch eine Presse dazu drücken. Die Joghurtspeise gut kühlen.
(auf dem Foto Seite 47: unten links)

3. Den Sesam in einer beschichteten Pfanne ohne Fett kurz rösten und auf den Quark streuen.
(auf dem Foto: oben Mitte)

Nußaufstrich

für 1 Person

100 g Mandeln
70 g Haselnüsse
50 g Walnüsse
200 g Akazienhonig
1 Prise Meersalz
1 ½ TL Zimt
½ TL Nelkenpulver
1 Msp. Kardamom

1. Die Mandeln und die Nüsse sehr fein mahlen und mit dem Honig, dem Salz, dem Zimt, dem Nelkenpulver und dem Kardamom mischen.
2. Das Nußmus in ein Einmach- oder Schraubglas füllen, das Glas verschließen und das Ganze kühl aufbewahren. Das Mus hält sich im Kühlschrank etwa 1 Woche frisch.
(auf dem Foto: oben rechts)

DER GUTE TIP

Den Nußaufstrich können Sie gut mit Joghurt mischen.

Gebackene Banane

für 1 Person

1 EL Mandelstifte
1 TL Sesam
1 TL Butter
1 reife Banane
3 EL süße Sahne

1. Die Mandelstifte und die Sesamkörner ohne Fett in einer beschichteten Pfanne hellbraun anrösten, anschließend, herausnehmen und vollständig abkühlen lassen.
2. Anschließend die Butter in der Pfanne erhitzen. Die Banane schälen, längs halbieren und die Bananenhälften in der Butter von beiden Seiten bei geringer Hitzezufuhr etwa 5 Minuten braten. Inzwischen die Sahne steif schlagen.
3. Die gebackenen Bananenhälften auf einem Teller anrichten, die Sahne daraufgeben und die gerösteten Mandeln und den Sesam darüberstreuen.
(auf dem Foto: unten rechts)

Sechskornbrötchen mit Sesamquark

für 1 Person

1 Sechskornbrötchen
60 g Quark, 20% Fett i.Tr.
etwas Kräutersalz
1 TL Sesam

1. Das Sechskornbrötchen halbieren und die Hälften toasten.
2. In der Zwischenzeit den Quark mit dem Kräutersalz verrühren und die Brötchenhälften damit bestreichen.

Pikantes Grünkernmüsli

für 2 Personen

60 g Grünkern
1 Msp. Frugola (aus dem Reformhaus)
1 Becher Sahnejoghurt (150 g)
1 Möhre (mittelgroß)
2 EL gehackte Kräuter wie Basilikum, Petersilie, Schnittlauch, Dill, Kerbel, Majoran

1. Den Grünkern am Abend zuvor in Wasser mit etwas Frugola garen, abgießen und im Kühlschrank bis zum folgenden Morgen aufbewahren.
2. Den gekochten Grünkern mit dem Sahnejoghurt mischen.
3. Die Möhre mittelfein raspeln und mit den gehackten Kräutern zum Grünkern geben und unterheben.

Dinkelschrotmüsli

für 1 Person

5 EL Dinkelschrot
etwa ¼ l Wasser
1 EL gewaschene Korinthen
1 süßer Apfel
1 EL Frutilose

1. Den Dinkelschrot in dem Wasser aufkochen, dann ausquellen lassen. Zum Abkühlen beiseite stellen.
2. Die gewaschenen Korinthen (eventuell über Nacht in etwas Wasser einweichen) mit dem Dinkelbrei mischen.
3. Den Apfel mit der Schale grob raspeln oder fein würfeln, in die Schüssel zu dem Brei geben. Mit Frutilose süßen.

DER GUTE TIP

Wer ab und zu morgens lieber mal ein pikantes Müsli essen möchte, kocht am Abend zuvor Grünkern, Roggen, Weizen oder anderes Getreide gar. Am folgenden Morgen wird das gegarte Getreide mit Sahnejoghurt oder Dickmilch und Kräutern gemischt.
Als Gemüseeinlage eignen sich (roh oder knapp gargekocht) Spargel, Blumenkohl, Brokkoli, Kohlrabi, Lauch, Gurke, Zucchini, Paprikaschoten und andere)

Müsli mit Leinsamensprossen und Radieschen

für 1 Person

2 EL kernige Haferflocken
2 EL Leinsamensprossen
½ TL Honig
1 EL Joghurt, 3,5% Fett
6 Radieschen
einige schöne Radieschenblätter

1. Die Haferflocken über Nacht in 3 EL kaltem Wasser einweichen.
2. Am nächsten Morgen die Leinsamensprossen kalt abbrausen und mit den Haferflocken, dem Honig und dem Joghurt mischen. (Wie Sie Leinsamen zum Keimen bringen können, steht in diesem Buch auf Seite 26/27)
3. Die gewaschenen Radieschen je nach Größe in dünne Scheiben oder Stifte schneiden (oder grob raspeln). Ein paar schöne Radieschenblätter waschen, trockentupfen und in Streifen schneiden. Beides unter das Müsli geben und verrühren.

DER GUTE TIP

Berufstätige bereiten sich zu Hause ihr Lieblingsmüsli zu und verzehren es in Ruhe am Arbeitsplatz während der Frühstückspause.

Joghurt mit Trockenobst

für 1 Person

50 g gemischtes ungeschwefeltes Trockenobst (ohne Steine)
1 Becher Joghurt, 3,5% Fett
1 TL Honig

1. Das gewaschene und abgetrocknete Trockenobst mit dem Schneidestab fein zerkleinern.
2. Den Joghurt unter das Trockenobst rühren und das Ganze mit dem Honig süßen.

Heidelbeerdrink

für 2 Personen

2 Eiswürfel
3/8 l Buttermilch
100 g frische oder TK-Heidelbeeren
2 EL Frutilose

1. Die Eiswürfel in ein Geschirrtuch wickeln und mit einer Teigrolle oder einem Hammer vorsichtig auf einem Holzbrett zerkleinern.
2. Die Buttermilch mit den Heidelbeeren und der Frutilose mit dem Pürierstab mixen. Das Eis dazugeben und in Gläser füllen.
(auf dem Foto oben)

Apfeldrink

für 1 Person

1 EL Apfeldicksaft
1 Glas Buttermilch
1 EL Leinsamenschrot

1. Den Apfeldicksaft und die Buttermilch im Mixer verrühren.
2. Die Mischung in ein Glas füllen und die Leinsamen mit einem Löffel darunterrühren.

Bananenmilchdrink

für 2 Personen

1 reife Banane
1 EL Honig
3/8 l kalte Buttermilch
2 EL gehackte Haselnüsse
Zimt

1. Die Banane schälen, das Fruchtfleisch mit einer Gabel zerdrücken und mit dem Honig süßen.
2. Das Bananenmus, die Buttermilch und die Nüsse in ein hohes Gefäß geben und alles mit dem Schneidstab pürieren.
3. Den Buttermilchdrink in zwei Gläser gießen und mit etwas Zimt bestäuben.
(auf dem Foto unten)

DER GUTE TIP

Statt der Erdbeeren können auch Himbeeren und statt der Leinsamen kann Weizenkleie verwendet werden.

Knuspermüsli für die ganze Familie

für etwa 50 Portionen

500 g Sechskornflocken
300 g Haselnüsse
300 g Mandeln
250 g Sonnenblumenkerne
250 g Sesam
500 g Bienenhonig
1–2 EL Sonnenblumenöl
200 g ungeschwefelte Rosinen
300 g ungeschwefelte Trockenfrüchte

1. Die Getreideflocken in eine große Schüssel geben. Wenn Sie ein Gerät zum Quetschen von Getreidekörnern besitzen, kaufen Sie das unzerkleinerte Getreide und stellen sich die Flocken nach Bedarf selber ganz frisch her.
2. Die Haselnüsse mittelgrob hacken.
3. Die Mandeln kurz in Wasser aufkochen lassen, die Haut abziehen. Die Mandeln ebenfalls mittelgrob hacken.
4. Die Sonnenblumenkerne in einer beschichteten Pfanne ohne Fett so lange rösten, bis sie einen würzigen Duft verströmen.
5. Die Haselnüsse, die Mandeln, die gerösteten Sonnenblumenkerne und den Sesam zu den Flocken in die Schüssel geben und gut verrühren.
6. Den Backofen auf 160 Grad vorheizen (Gasherd: Stufe 1).
7. Den Honig im Wasser leicht erwärmen und anschließend über die Getreide-Nuß-Mischung gießen. Das Öl mit zunächst 150 ml Wasser mischen und über die Flocken-Nuß-Mischung gießen. Alles zusammen gründlich mit den Händen kneten. Eventuell noch etwas Wasser hinzufügen.
8. Diese Mischung auf ein leicht geöltes Backblech streuen und unter mehrmaligem Wenden 70 bis 100 Minuten im 100 Grad heißen Backofen trocknen.
9. Nach dem Abkühlen die Rosinen sowie die kleingeschnittenen Trockenfrüchte dazugeben.
10. Diese Knuspermischung kühl und dunkel in geschlossenen Gefäßen aufbewahren. Die Haltbarkeit beträgt 4 bis 6 Wochen.

DER GUTE TIP

Diese Knuspermischung ist ideal für eine kleine Zwischenmahlzeit. Sehr lecker auch mit Joghurt oder Buttermilch; eine kleine Banane oder ein süßer Apfel kann dazu gegeben werden.

Bananenbrot

für eine 1 Person

1 Scheibe Vollkornbrot
1 TL weiche Butter
1 TL Honig
1 kleine Banane

1. Das Brot mit der Butter bestreichen. Darüber den Honig geben.
2. Die Banane schälen und in Scheiben schneiden. Die Scheiben auf dem Honigbrot verteilen.

Vollkornbrötchen mit Brie

für 2 Personen

2 Vollkornbrötchen
1 EL weiche Butter
70 g Brie, 60% Fett i. Tr.
einige Frühlingszwiebeln

1. Die Brötchen kurz über dem Toaster oder im heißen Backofen erwärmen, aufschneiden.
2. Die Brötchenhälften mit der Butter bestreichen und mit dem in Streifen geschnittenen Brie belegen.
3. Die Frühlingszwiebeln putzen, waschen und trocknen lassen. Den dunkelgrünen Teil entfernen. Die Zwiebeln in dünne Scheiben schneiden und die Brötchenhälften damit dekorieren.

Quarkbrot mit Möhren

für 1 Person

60 g Quark, 20% Fett i.Tr.
2 EL Milch
Kräutersalz
1 Scheibe Vollkornbrot
1 TL weiche Butter
1 Möhre
1 TL gehackte Petersilie

1. Den Quark mit der Milch glattrühren und mit Kräutersalz würzen. Das Brot mit der Butter bestreichen.
2. Die Möhre schälen und der Länge nach in dünne Scheiben schneiden (das geht am besten mit dem Gurkenhobel). Das Butterbrot mit Möhrenscheiben belegen (eine für die Garnitur zurückbehalten) und den Quark darauf verteilen.
3. Die restlichen Möhrenscheiben in feine Stifte schneiden und auf den Quark streuen. Mit der Petersilie garnieren.
(auf dem Foto Seite 51 links)

Angemachter Camembert mit Vollkornbrot

für 2 Personen

2 EL weiche Butter
80 g reifer Camembert (ohne Rinde), 60 g Fett i.Tr.
1 Zwiebel
1 TL Kümmel
Paprikapulver edelsüß
2 Scheiben Vollkornbrot

1. Die weiche Butter mit einem kleinen Schneebesen cremig rühren.
2. Den reifen und ebenfalls weichen Camembert mit einer Gabel gut zerdrücken und mit der cremigen Butter mischen.
3. Die Zwiebel schälen und halbieren. Die eine Hälfte in sehr feine Würfel, die andere in dünne Ringe schneiden.
4. Die Zwiebelwürfel und den Kümmel unter die Camembertcreme mischen.
5. Die Käsecreme auf einem Teller anrichten, mit den Zwiebelringen dekorieren und mit edelsüßem Paprikapulver bestäuben. Mit Vollkornbrot servieren.
(auf dem Foto oben)

DER GUTE TIP

Sie können den angemachten Camembert mit Vollkornbrot und einem neutralen, frischen Salat auch als kaltes Hauptgericht servieren, beispielsweise wenn Sie ihn mit an den Arbeitsplatz nehmen wollen. Die im Rezept angegebene Menge reicht dann für eine Portion.

Gurkenbrot

für 1 Person

1 Vollkornbrötchen
70 g Quark, 20% Fett i. Tr.
1 EL Milch
Kräutersalz
1 EL weiche Butter
8 dünne Scheiben Salatgurke
2 EL Sojabohnensprossen
Paprikapulver rosenscharf

1. Das Brötchen halbieren und die Hälften toasten.
2. Inzwischen den Quark mit der Milch glattrühren und mit Kräutersalz würzen.
3. Die Brötchenhälften mit der Butter bestreichen und mit den Gurkenscheiben belegen. Den Quark daraufgeben und mit Sojabohnensprossen und Paprikapulver bestreuen.
(auf dem Foto oben)

Radieschenbrot

für 1 Person

1 Scheibe Vollkornbrot
1 TL weiche Butter
6 Radieschen
80 g körniger Frischkäse
1 EL Schnittlauchröllchen oder Radieschensprossen
Paprikapulver edelsüß

1. Das Brot mit der Butter bestreichen. Die Radieschen in dünne Scheiben schneiden und darauf verteilen.
2. Den körnigen Frischkäse anschließend auf die Radieschenscheiben geben und das Brot mit den Schnittlauchröllchen (oder mit den Radieschensprossen) und etwas edelsüßem Paprikapulver bestreuen.
(auf dem Foto unten)

DER GUTE TIP

Die Sojasprossen und Radieschensprossen können Sie leicht selbst ziehen. Auf Seite 26/27 in diesem Buch sagen wir Ihnen, wie's geht. Die gekeimten gelben Sojabohnensprossen (die grünen, gebräuchlicheren sind die Mungobohnensprossen) sollten Sie vor dem Verzehr einige Minuten in kochendem Wasser blanchieren. Radieschensprossen sind leicht scharf, noch schärfer schmecken Rettichsprossen; daher sollten Sie sie zunächst einmal nur recht sparsam verwenden.

Brot mit pikantem Ziegenfrischkäse

für 1 Person

1 Scheibe Vollkornbrot
1 TL weiche Butter
2 gewaschene und abgetrocknete Salatblätter
1 Möhre
8 Haselnüsse, in dünne Blättchen gehobelt
50 g Doppelrahm-Ziegenfrischkäse
2–3 EL Buttermilch

1. Das Brot mit der Butter bestreichen und mit den gut abgetrockneten Salatblättern belegen.
2. Die Möhre säubern und in dünne Scheiben hobeln. Die gehobelten Haselnüsse in einer fettfreien Pfanne rösten. Mit den Möhren mischen.
3. Den Ziegenfrischkäse mit der Buttermilch verrühren. Die gehobelten Möhren und die gerösteten Haselnüsse dazugeben und auf die Salatblätter löffeln.
(auf dem Foto oben)

Paprika-Schinken-Quark auf Knäckebrot

für 2 Personen

80 g Quark, 20% Fett i.Tr.
1 EL Buttermilch
50 g rote Paprikaschote
25 g grüne Paprikaschote
25 g Bündner Fleisch
4 Scheiben Vollkornknäckebrot
1 EL gehackte Petersilie
1 EL gehackte Schnittlauchröllchen

1. Den Quark mit der Buttermilch glattrühren.
2. Die geputzten Paprikaschoten in winzige Würfelchen schneiden. Unter den Quark geben.
3. Das Bündner Fleisch halbieren und in dünne Streifen schneiden, ebenfalls unter den Quark rühren.
4. Diesen würzigen Brotaufstrich auf die vier Scheiben Knäckebrot streichen und mit den Kräutern bestreuen. Sofort servieren.

12 Uhr mittags – Eiweiß-Mahlzeiten

Eiweißhaltige Mahlzeiten sollten nach Möglichkeit in der Mitte des Tages verzehrt werden. Auf den folgenden Seiten finden Sie die feinsten Rezepte für Salate und Rohkost, die der ganzen Familie schmecken. Mit frischem Obst, knackigen Salaten und ballaststoffreichen Rohkosttellern beginnt am besten jede Hauptmahlzeit. Unsere Gemüsesuppen und pikanten Salate eignen sich ebensogut als Zwischenmahlzeit. Die vielfältigen Gemüsegerichte mit Fleisch, die köstlichen Aufläufe und die leichten Fischgerichte machen es Ihnen leicht, zu essen, was Ihnen schmeckt, und dabei auf gesunde und angenehme Art abzunehmen und sich dabei trotzdem rundum wohl zu fühlen. Die Trennkost ist nämlich weder eintönig noch langweilig.

Bunter Fenchelsalat

für 2 Personen

1 Fenchelknolle
150 g Zucchini
1 rote Paprikaschote
3 Mandarinen (kernlos)
1 kleine rote Zwiebel

Sauce:
150 g Sahnedickmilch
2 EL Zitronensaft
1 TL Honig
Kräutersalz
1 Msp. Lebkuchengewürz

1. Die Fenchelknolle putzen, etwas Grün waschen und beiseite legen. Den Fenchel halbieren und in feine Ringe schneiden. Die Zucchini waschen und in dünne Scheiben schneiden.
2. Die Paprikaschote halbieren, putzen und in feine Streifen schneiden. Die Mandarinen schälen, die weiße Haut entfernen. Die Früchte in ihre Segmente teilen und einmal quer durchschneiden. Den dabei anfallenden Saft auffangen.
3. Die Zwiebel schälen und in feine Ringe schneiden. Das vorbereitete Gemüse und die Früchte in eine Schüssel legen.
4. Für die Sauce alle Zutaten sowie den aufgefangenen Mandarinensaft miteinander mischen, über den Salat gießen und vermengen; mit dem kleingehackten Fenchelgrün bestreuen.

Fenchel mit Möhren und Rotkohl

für 2 Personen

200 g Möhren
1 Fenchelknolle
200 g Rotkohl
1 Apfel
10 Walnußkerne

Sauce:
4 EL Sahnedickmilch
1 EL Walnußöl
2 EL Zitronensaft
½ TL Kräutersalz
1 TL Honig

1. Die Möhren waschen, schälen und grob raspeln. Den Fenchel putzen und in feine Scheiben schneiden.
2. Den Rotkohl vom harten Strunk befreien und auf einem Gemüsehobel ganz fein hobeln.
3. Den Apfel vierteln, das Kerngehäuse herausschneiden und in dünne Scheiben schneiden. Zum Schluß die Walnußkerne fein hacken und mit den restlichen zerkleinerten Salatzutaten mischen.
4. Aus der Sahnedickmilch, dem Walnußöl, dem Zitronensaft, dem Kräutersalz und dem Honig eine Sauce rühren und über den Salat verteilen.

Fenchel mit Chicorée, Apfel und Grapefruit

für 2 Personen

2 Fenchelknollen
2 Stauden Chicorée
1 großer, saurer Apfel
1 EL Zitronensaft
1 rosa Grapefruit

Sauce:
1 Grapefruit
100 g süße Sahne
1 EL Apfelsinensaft
Meersalz

außerdem:
1 EL Mandelblättchen

1. Den Fenchel putzen, das Fenchelgrün abschneiden und die Knolle längs in dünne Streifen schneiden. Das Fenchelgrün fein hacken und beiseite stellen.
2. Die Chicoréestauden der Länge nach halbieren und die bitteren Strünke herausschneiden. Den Chicorée in etwa 1 cm breite Streifen schneiden und mit den Fenchelstreifen mischen.
3. Den Apfel halbieren, das Kerngehäuse entfernen, das Fruchtfleisch in dünne Scheiben schneiden und mit dem Zitronensaft beträufeln.
4. Die Schale der Grapefruit abschneiden, auch die weiße Haut entfernen. Die Filets herauslösen, die Fruchtreste auspressen und den Saft auffangen.
5. Für die Sauce die zweite Grapefruit auspressen, den Saft mit dem der rosa Grapefruit mischen und die Sahne darunterrühren.
6. Die Sahne mit dem Apfeldicksaft süßen und mit Meersalz abschmecken.
7. Die Sauce mit den vorbereiteten Salatzutaten mischen und das zurückgelegte Fenchelgrün sowie die Mandelblättchen darüberstreuen.
(auf dem Foto Seite 57)

Fenchel mit Trauben

für 1 Person

1 Fenchelknolle
150 g dunkle Trauben

Sauce:
2 EL Zitronensaft
100 g Naturjoghurt
1 TL Birnendicksaft
1 EL Mandelstifte

1. Die Fenchelknolle putzen, etwas Grün waschen und beiseite legen. Den Fenchel halbieren, anschließend quer in feine Scheiben schneiden.
2. Die Trauben waschen, halbieren und entkernen.
3. Für die Sauce alle Zutaten miteinander verrühren und mit dem Fenchel und den Trauben mischen. Mit dem zurückgelegten Fenchelgrün garnieren.

Würziger Eiersalat

für 2 Personen

4 hartgekochte Eier
2 Äpfel, 1 Salatgurke
4 Tomaten
2 Zwiebeln

Sauce:
5 EL Brottrunk
5 EL süße Sahne
1 TL Kräutersalz
3 EL Schnittlauchröllchen
½ TL Liebstöckel, gerebelt
½ TL Rosenpaprika
1 EL feingehackter Dill

1. Die Eier pellen und in Scheiben schneiden.
2. Die Äpfel waschen, vom Kerngehäuse befreuen und das Fruchtfleisch in dünne Scheiben schneiden.
3. Die Gurke schälen und hobeln und die gewaschenen Tomaten in dünne Scheiben schneiden.
4. Die Zwiebeln schälen und fein würfeln. Alle Zutaten miteinander mischen.
5. Für die Sauce Brottrunk, süße Sahne, Kräutersalz und Schnittlauch verrühren, mit dem Liebstöckel und dem Rosenpaprika abschmecken. Anschließend über den Eiersalat geben.
6. Zum Schluß den Eiersalat mit dem gehackten Dill bestreuen, kühl stellen und ungefähr 30 Minuten durchziehen lassen.
(auf dem Foto oben)

DER GUTE TIP

Kaufen Sie nur frisches Obst und Gemüse. Welke Produkte haben viel von ihren Vitalstoffen eingebüßt. Wenn Sie das Gewünschte nicht frisch bekommen, weichen Sie lieber auf andere Produkte oder Tiefkühlkost aus.

Radicchio „weiß-rot“

für 1 Person

1 rote Grapefruit
250 g Radicchio

Sauce:
100 g Sahnedickmilch
1 TL Sonnenblumenöl
½ TL Meersalz
1 TL Honig
1 TL Zitronensaft
etwas Schnittlauch
1 TL Mandelblättchen

1. Die Grapefruit schälen, dabei auch die weiße Haut gründlich entfernen. Das Fruchtfleisch in Würfel schneiden. Den Saft dabei auffangen.
2. Den Radicchio putzen, waschen und gut abtropfen lassen. Die Grapefruitwürfel und den Salat auf einem Teller anrichten.
3. Die Sahnedickmilch, das Öl, das Kräutersalz, den Honig, den Zitronensaft und den Grapefruitsaft über den Salat gießen. Den Schnittlauch waschen, trockentupfen und zweimal durchschneiden. Die Halme über den Salat streuen.
4. Die Mandelblättchen ohne Fett in einer Pfanne rösten und über den Salat geben.
(auf dem Foto Seite 59: oben)

Sellerie mit Mango und Papaya

für 2 Personen

200 g Sellerie
1 Papaya
1 Mango

Sauce:
1 Orange
½ Zitrone
2 TL Orangenblütenhonig
1 Msp. Kardamom
1 EL süße Sahne

außerdem:
2 EL gehackte Mandeln

1. Den Sellerie putzen, waschen und nicht zu fein raspeln.
2. Die Papaya halbieren, schälen und grob raspeln.
3. Die Mango schälen. Das Fruchtfleisch in Segmenten vom Kern schneiden. Anschließend in kleine Stücke schneiden.
3. Die Orange und die halbe Zitrone auspressen und den Saft mit dem Honig süßen. Mit dem Kardamom abschmecken.
4. Alle Zutaten miteinander mischen und die süße Sahne darunterziehen. Die Mandeln zum Schluß darüberstreuen.
(auf dem Foto: unten)

Selleriesalat mit Orangen

für 1 Person

200 g Staudensellerie
2 Orangen
40 g Sojasprossen

Sauce:
100 g saure Sahne
2 EL Zitronensaft
abgeriebene Schale von
½ unbehandelten Zitrone
1 EL Apfeldicksaft

außerdem:
1 EL gehackte Haselnüsse

1. Den Staudensellerie putzen, waschen und die harten Fäden abziehen. Anschließend in etwa 4 cm lange Stücke teilen. Diese längs in feine Streifen schneiden.
2. Von den Orangen die Schale abschneiden und dabei auch die weiße Haut entfernen. Die Orangen an den Zwischenhäuten einschneiden und die Filets herauslösen. Den Saft auffangen und später über den Salat geben.
3. Die Sojasprossen waschen, gut abtropfen lassen und, wenn nötig, verlesen. (Wie Sie die Sprossen selber ziehen können, steht in diesem Buch auf Seite 26/27). Alle vorbereiteten Zutaten in einer kleinen Salatschüssel mischen.
4. Die saure Sahne mit dem Zitronensaft und der Zitronenschale verrühren und mit dem Apfeldicksaft süßen.
5. Die Sauce über den Salat geben und die Haselnüsse darüberstreuen.
(auf dem Foto: rechts)

Apfelsalat

für 4 Personen

200 g Möhren
150 g Radieschen
1 Bund Frühlingszwiebeln
2 saure Äpfel
½ Zitrone
150 g blaue Weintrauben
80 g Rahmgouda in Scheiben

Sauce:
5 EL süße Sahne
1 TL Honig
1 EL Zitronensaft
1 EL Walnußöl
Meersalz
2 EL gehackte Walnußkerne

1. Die Möhren schälen, längs in dünne Scheiben, dann in Streifen schneiden. In heißem Wasser 3 Minuten blanchieren, abgießen.
2. Die Radieschen putzen und in dünne Scheiben schneiden.
3. Die Frühlingszwiebeln (ersatzweise Lauch) putzen, den weißen Teil in Scheiben, den hellgrünen Teil in dünne Röllchen schneiden und beiseite legen.
4. Die gewaschenen Äpfel vierteln, das Kerngehäuse entfernen, die Stücke in dünne Spalten schneiden. Die Möhrenstifte, die Radieschenscheiben, die weißen Zwiebelringe und die Apfelscheiben in einer Schüssel mischen, anschließend die halbe Zitrone auspressen und darüberträufeln, damit die Äpfel nicht braun werden.
5. Die Trauben waschen, halbieren und entkernen. Den Käse entrinden und in schmale Streifen schneiden, beides zum Salat geben und mischen.
6. Für die Sauce alle Zutaten miteinander verrühren und über den Salat gießen, zum Schluß mit dem zurückgelegten Zwiebelgrün bestreuen.

Fenchelsalat „Florida“

für 2 Personen

1 Fenchelknolle
½ Sellerieknolle
1 säuerlicher Apfel
2 EL Zitronensaft
2 Orangen

Sauce:
1 Orange
1 Msp. Cayennepfeffer
1 EL Orangenblütenhonig
Meersalz
1 TL feingehackter Dill
3 EL saure Sahne

außerdem:
2 EL ungeschwefelte Rosinen
2 EL gehackte Mandeln

1. Die Fenchelknolle halbieren, den Strunk herauschneiden und den Fenchel in feine Streifen schneiden.
2. Die halbe Sellerieknolle schälen und auf einer Rohkostreibe grob raspeln.
3. Die Äpfel vierteln, die Kerngehäuse entfernen und die Früchte in dünne Spalten schneiden. Alle vorbereiteten Zutaten mischen und mit dem Zitronensaft beträufeln, damit sie nicht braun werden.
4. Die Orangen schälen und die Früchte in Segmente teilen. Zu den Salatzutaten geben.
5. Für die Sauce die Orange auspressen und den Saft mit dem Cayennepfeffer, dem Honig , etwas Salz, dem Dill und der sauren Sahne gut verrühren.
6. Die Sauce über den Salat gießen, mit den Rosinen und den Mandeln bestreuen und dann etwa 30 Minuten lang abgedeckt durchziehen lassen.
(auf dem Foto: unten)

DER GUTE TIP

Wenn Sie zu diesem Rohkostsalat gebackene Sellerieschreiben servieren, können Sie eine ganze Knolle verarbeiten.

Gemüse-Käse-Salat „Tilsit“

für 1 Person

½ rote Paprikaschote
1 Zwiebel
7 dunkle Weintrauben
2 Tomaten
60 g Tilsiter in Scheiben

Sauce:
1 EL Zitronensaft
2 EL Sahnejoghurt
Kräutersalz
1 TL Honig
1 EL Sonnenblumenöl

außerdem:
2 EL Schnittlauchröllchen

1. Die Paprikaschote putzen und in feine Streifen schneiden. Die Zwiebel schälen und in dünne Ringe schneiden.
2. Die Weintrauben entkernen. Die Stielansätze der Tomaten entfernen und das Fruchtfleisch fein würfeln.
3. Den Käse entrinden, anschließend in Streifen schneiden und dann alle vorbereiteten Zutaten mischen.
4. Den Zitronensaft mit dem Joghurt gut verrühren. Die Sauce mit etwas Kräutersalz würzen und mit dem Honig leicht süßen, zuletzt das Öl darunterschlagen.
5. Die Sauce über den Salat gießen und die Schnittlauchröllchen darüberstreuen.
(auf dem Foto: oben rechts)

DER GUTE TIP

Zwiebeln sind bekömmlicher, wenn sie für 60 Sekunden in kochendes Wasser gelegt werden. Anschließend kalt abschrecken.

Möhrensalat „Williams Christ"

für 2 Personen

300 g Möhren
2 Birnen
2 EL Zitronensaft

Sauce:
2 EL Zitronensaft
4 EL süße Sahne
2 EL Birnendicksaft (aus dem Reformhaus)

außerdem:
2 EL grobgehackte Paranüsse

1. Die Möhren gründlich waschen oder schälen und in sehr feine Stifte schneiden oder grob raspeln.
2. Die Birnen halbieren, das Kerngehäuse entfernen und das Fruchtfleisch in grobe Würfel schneiden.
3. Anschließend die Birnenwürfel mit den Möhrenstiften oder -raspeln mischen und alles mit dem Zitronensaft beträufeln.
4. Den Zitronensaft mit der Sahne und dem Birnendicksaft verrühren und unter die Rohkost mischen. Vor dem Servieren mit den gehackten Paranüssen bestreuen.
(auf dem Foto: oben links)

Frühlingssuppe

für 2 Personen

- *200 g Blumenkohl*
- *1 Stange Lauch*
- *1 Stange Staudensellerie*
- *100 g Möhren*
- *1 Kohlrabi*
- *100 g Zuckerschoten*
- *4 Stangen Spargel*
- *1 Zwiebel*
- *1 TL Butter*
- *200 g Hähnchenbrustfilet*
- *¾ l Wasser*
- *1 EL körnige Brühe (Frugola)*
- *Muskatnuß*
- *Meersalz*
- *2 EL gehackte Kräuter (Petersilie, Schnittlauch, Kerbel, Basilikum)*

1. Das Gemüse putzen und waschen. Den Blumenkohl in kleine Röschen teilen. Den Lauch, den Staudensellerie und die Möhren in Scheiben schneiden. Den Kohlrabi stifteln und den Spargel in Stücke teilen.
2. Anschließend die Zwiebel fein hacken und in der Butter glasig dünsten.
3. Das Hähnchenbrustfilet in feine Würfel schneiden und zu der Zwiebel geben. Das Gemüse hinzufügen und mit der Brühe zu einer Suppe auffüllen.
4. 20 bis 25 Minuten köcheln lassen, mit frisch geriebener Muskatnuß sowie etwas Salz abschmecken und mit den gehackten Kräutern bestreuen.
(auf dem Foto: unten)

Exotischer Geflügelsalat

für 1 Person

- *150 g gegarte Putenbrust*
- *100 g Sellerie*
- *1 Cherimoya*
- *200 g Eisbergsalat*
- *1 Papaya*
- *2 Scheiben frische Ananas*

Sauce:

- *2 TL Sonnenblumenöl*
- *2 EL Zitronensaft*
- *4 EL saure Sahne*
- *1 EL Frutilose*
- *Curry*

1. Das Putenfleisch in Streifen, den geschälten Sellerie in sehr feine Stifte schneiden. Anschließend die Cherimoya halbieren, entkernen, das Fruchtfleisch vorsichtig herauslöffeln und in kleine, mundgerechte Stücke hacken.
2. Den gewaschenen Eisbergsalat, die geschälte und entkernte Papaya und die Ananasscheiben in kleine Stücke teilen und mit dem Putenfleisch, den Selleriestiften und den Cherimoyastücken mischen.
3. Aus Öl, Zitronensaft, saurer Sahne und Frutilose eine Sauce rühren und mit den Früchten und den Fleischwürfeln vermischen, 30 Minuten kühlen, dann mit etwas Curry bestreuen.
(auf dem Foto: oben)

Knoblauchsalat mit Ei

für 1 Person

½ Kopfsalat
1 Stange Sellerie
100 g Salatgurke
3 EL saure Sahne
1 EL Zitronensaft
1 Msp. Cayennepfeffer
2 Knoblauchzehen
Meersalz
2 hartgekochte Eier
1 TL Sesam

1. Die Salatblätter waschen, gut abtropfen lassen und auf einen Teller legen.
2. Die Selleriestange waschen, die harten Fäden entfernen und die Stange in feine Scheiben schneiden.
3. Die Gurke schälen und in grobe Würfel schneiden.
4. Die saure Sahne mit dem Zitronensaft, dem Cayennepfeffer, den geschälten und feingehackten Knoblauchzehen und etwas Salz verrühren, mit dem Sellerie und der Gurke mischen und auf dem Salat anrichten.
5. Die Eier pellen, vierteln und dekorativ auf dem Salat anrichten.
6. Den Sesam in einer Pfanne ohne Fett kurz rösten und über den Salat streuen.
(auf dem Foto: oben)

Geflügelwurst-salat

für 1 Person

½ grüne Paprikaschote
1 Möhre
1 rote Zwiebel
100 g Radieschen
1 Fleischtomate
100 g Geflügelwurst in Scheiben

Sauce:
1 EL Zitronensaft
1 EL Olivenöl
Kräutersalz
½ TL Apfeldicksaft

außerdem:
1 TL gehackter Kerbel

1. Die Paprikaschote putzen und in feine Streifen schneiden. Die Möhre schälen und fein stifteln.
2. Die geschälte Zwiebel, die Radieschen und die Tomate in feine Ringe schneiden und alles gut miteinander mischen.
3. Die Geflügelwurst in Stückchen schneiden und ebenfalls unter den Salat mischen.
4. Aus dem Zitronensaft, dem Kräutersalz und dem Apfeldicksaft eine Sauce rühren und mit dem Wurstsalat vermengen.
5. Den Salat noch kurze Zeit durchziehen lassen und vor dem Servieren mit dem Kerbel bestreuen.
(auf dem Foto: unten)

Sauerkrautsuppe „Puszta“

für 2 Personen

1 rote Paprikaschote
2 Zwiebeln
2 Knoblauchzehen
1 EL Sonnenblumenöl
5 Tomaten
1 TL körnige Brühe (Frugola)
1 TL Paprikapulver rosenscharf
100 g Sauerkraut
2 EL süße Sahne
2 EL Schnittlauchröllchen

1. Die Paprikaschote putzen und in feine Streifen schneiden.
2. Die Zwiebeln schälen und in Ringe schneiden, die Knoblauchzehen schälen und fein hacken. Paprika, Zwiebeln und Knoblauch im Öl 5 Minuten andünsten.
3. In der Zwischenzeit die Tomaten vierteln, die Stielansätze und die Kerne entfernen. Das Fruchtfleisch pürieren und durch ein Sieb streichen.
4. Das Tomatenmus mit körniger Brühe und Paprika abschmecken und unter das Gemüse rühren.
5. Das Sauerkraut zur Suppe geben. Alles zugedeckt bei geringer Hitzezufuhr etwa 10 Minuten köcheln lassen. Eventuell etwas Wasser hinzufügen.
6. Die Suppe mit der Sahne verfeinern und mit den Schnittlauchröllchen bestreuen.
(auf dem Foto: oben)

Tomatensuppe „Sevilla“

für 2 Personen

1 Bund Suppengrün
1 Zwiebel
1 EL Olivenöl
6 Tomaten
1 TL körnige Brühe (Frugola)
2 EL Sherry
1 Msp. Cayennepfeffer
3 EL süße Sahne
1 Zweig Basilikum

1. Das Suppengrün putzen und waschen, die Zwiebel schälen, alles in kleine Würfel schneiden. Das Olivenöl in einem Topf erhitzen und die Gemüsewürfel darin andünsten.
2. Die Stielansätze der Tomaten und die Kerne entfernen und die Früchte mit dem Schneidstab pürieren. Das Püree nach Belieben durch ein Sieb streichen.
3. Das Tomatenmus zu den Gemüsewürfeln geben und dann alles bei geringer Hitzezufuhr etwa 12 Minuten köcheln lassen.
4. Die Suppe dann mit dem Schneidstab pürieren. Anschließend mit der körnigen Brühe, dem Sherry und dem Cayennepfeffer kräftig würzen, mit der Sahne verfeinern und mit gewaschenen frischen Basilikumblättchen garnieren.
(auf dem Foto Seite 64: unten)

Tomatensuppe „Mallorca“

für 1 Person

200 g Tomaten
⅓ Salatgurke
1 Zwiebel
1 Knoblauchzehe
1 säuerlicher Apfel
⅛ l Gemüsebrühe
1 TL Olivenöl
1 Scheibe Räucherschinken
1 EL Schnittlauchröllchen

1. Die Tomaten vierteln, den Stielansatz entfernen. Die Gurke schälen, halbieren, die Kerne mit einem Löffel herausschaben. Die Zwiebel und die Knoblauchzehe schälen, den Apfel schälen, halbieren, das Kerngehäuse entfernen, und eine Hälfte beiseite legen. Alles übrige grob würfeln und zusammen in der Gemüsebrühe weich kochen.
2. Das Gemüse mit dem Schneidstab nicht zu fein pürieren. Das Olivenöl dazugießen.
3. Aus der zweiten Hälfte des Apfels entweder mit dem Kugelausstecher kleine Kugeln ausstechen oder den Apfel fein würfeln. Den Schinken in feine Streifen schneiden. Apfel und Schinken unter die Suppe mischen, vor dem Servieren mit den Schnittlauchröllchen bestreuen.

Blumenkohlsuppe „Allgäu“

für 2 Personen

400 g Blumenkohl
⅜ l Milch
etwas körnige Brühe (Frugola)
Muskatnuß
2 EL saure Sahne
2 EL geriebener Allgäuer Emmentaler
1 EL feingehackte Petersilie

1. Den Blumenkohl putzen, waschen und in kleine Röschen teilen.
2. Die Milch mit der gekörnten Brühe mischen und das Gemüse 18 Minuten garen. Anschließend im Mixer pürieren.
3. Mit frischgeriebener Muskatnuß abschmecken, mit der sauren Sahne und dem Käse verfeinern.
4. Zum Schluß die feingehackte Petersilie über die Suppe streuen.

DER GUTE TIP

Tomaten entwickeln nur dann ihr arttypisches Aroma, wenn sie reif sind. Im Sommer finden Sie die besten Früchte. Unreife Tomaten können Sie bei Raumtemperatur mit reifem Obst zusammenlegen; sie nehmen dann schnell eine satte rote Farbe an und schmecken darüber hinaus auch intensiver.

Bouillon „Asia“

für 1 Person

1 Bund Suppengrün
½ TL körnige Brühe (Frugola)
¼ l Wasser
2 frische Champignons
2 EL TK-Erbsen
1 Ei
Meersalz
1 EL feingehackte Kräuter

1. Das Suppengrün putzen, schälen, waschen und grob würfeln. Die körnige Brühe mit dem Wasser und den Gemüsewürfeln 40 Minuten leise köcheln lassen. Die Gemüsebrühe durch ein Sieb gießen, dabei das Suppengrün gut ausdrücken.
2. Die geputzten Champignons in Scheiben schneiden und zusammen mit den Erbsen in der Bouillon garen.
3. In der Zwischenzeit das Ei mit einer Prise Salz und den Kräutern in einer Tasse mischen und langsam in die heiße Bouillon laufen lassen.
4. Die Bouillon nicht mehr erhitzen und sofort servieren.

Auberginentopf

für 2 Personen

2 Auberginen
Meersalz
6 EL Olivenöl
2 Knoblauchzehen
300 g Rinderhackfleisch
1 Zwiebel
1 rote Paprikaschote
1 grüne Paprikaschote
4 Tomaten
⅛ l Gemüsebrühe
1 Lorbeerblatt
1 Zweig Thymian
1 TL Paprikapulver edelsüß
2 EL gehackte Petersilie

1. Die Auberginen putzen (nicht schälen) und in etwa 1 cm dicke Scheiben schneiden, dann mit Salz bestreuen, in ein Sieb legen und für etwa 30 Minuten durchziehen lassen.
2. Die Auberginenscheiben anschließend abwaschen und sorgfältig trocken tupfen.
3. Das Öl mit dem geschälten und durchgepreßten Knoblauch mischen. Ein wenig dieses Knoblauchöls erhitzen und die Auberginenscheiben darin nacheinander goldgelb braten. Die Scheiben dann herausnehmen, das Fett mit Küchenpapier abtupfen und sie beiseite stellen.
4. Das Hackfleisch ins verbliebene Bratfett geben und unter häufigem Wenden krümelig braten. Die Zwiebel schälen, würfeln, dazugeben und mit anbraten.
5. Die Paprikaschoten putzen, waschen, würfeln, ebenfalls zum Fleisch geben und kurz mit anbraten.
6. Nun die Tomaten mit kochendem Wasser überbrühen, enthäuten und die Stielansätze entfernen. Das Fruchtfleisch würfeln und unter die Hackfleischmischung rühren.
7. Die Gemüsebrühe dazugießen, das Lorbeerblatt und den Thymianzweig hinzufügen und das Ganze zum Kochen bringen. Den Backofen auf 180 Grad vorheizen (Gasherd: Stufe 2).
8. Die Hackfleischmischung mit Salz und Paprikapulver abschmecken und 10 bis 15 Minuten köcheln lassen.
9. Die Hälfte der Auberginenscheiben in eine große, gefettete Auflaufform legen und die Hackfleischsauce gleichmäßig darauf verteilen.
10. Die restlichen Auberginenscheiben darauf legen und das Ganze in 20 Minuten im Ofen garen. Vor dem Servieren das Lorbeerblatt entfernen und die Petersilie darüberstreuen.
(auf dem Foto: unten)

Hackfleisch mit Lauch

für 2 Personen

1 kg Lauch
1 EL Sonnenblumenöl
2 Zwiebeln
1 EL Butter
200 g Lammhackfleisch
4 Tomaten
1 EL Paprikapulver edelsüß
1 Knoblauchzehe
je ½ TL Rosmarin und Thymian
4 EL süße Sahne
50 g geriebener Parmesan

1. Den Lauch putzen und in feine Ringe schneiden. Nur die hellen Teile verwenden. Die Lauchringe unter fließendem Wasser gründlich waschen, damit kein Sand zurückbleibt. Das Öl erhitzen und den tropfnassen Lauch in den Topf geben. 10 Minuten dünsten.
2. Inzwischen die Zwiebeln schälen, würfeln und in der Butter glasig dünsten. Das Hackfleisch zerpflücken, dazugeben und mit krümelig braten.
3. Die Tomaten mit kochendem Wasser überbrühen, enthäuten und die Stielansätze entfernen.
4. Das Tomatenfruchtfleisch würfeln und zum Hackfleisch geben. Das Paprikapulver hineinrühren, etwa ⅛ l Wasser dazugießen und alles zusammen nun etwa 10 Minuten köcheln lassen.
5. Den Backofen auf 180 Grad vorheizen (Gasherd: Stufe 2). Die geschälte Knoblauchzehe durch eine Presse dazudrücken und alles mit Rosmarin und Thymian würzen. Zuletzt die Sahne darunterrühren.
6. Nun den Lauch abgießen und in eine Auflaufform geben. Die Hackfleischsauce darüber verteilen und den Käse daraufstreuen. Den Auflauf etwa 20 Minuten im Ofen garen.
(auf dem Foto: oben)

DER GUTE TIP

Hackfleisch vom Lamm wird in der deutschen Küche eher selten verwendet, daher ist es auch nicht überall erhältlich. Sie sollten es jedoch unbedingt einmal versuchen, denn es ist eine köstliche Variante jedes Hackfleischgerichts. Fragen Sie in ausländischen Lebensmittelgeschäften danach!

Lamm mit Paprika

für 2 Personen

2 Gemüsezwiebeln
3 rote Paprikaschoten
2 EL Olivenöl
250 g Lammhackfleisch
1 EL Paprikapulver edelsüß
300 g Tomaten
2 Knoblauchzehen
1 TL Oregano
1 Msp. Cayennepfeffer

1. Die Zwiebeln schälen und in dünne Ringe schneiden. Die Paprikaschoten putzen und in feine Streifen schneiden.
2. Die Zwiebelringe und die Paprikastreifen in dem Olivenöl leicht anbraten. Das Hackfleisch zerpflücken, dazugeben und mit anbraten. Mit dem Paprikapulver verrühren.
3. Die Stielansätze der Tomaten entfernen und das Fruchtfleisch vierteln. Mit dem Schneidstab pürieren. Das Püree nach Belieben durch ein Sieb streichen.
4. Das Tomatenpüree zur Hackfleischmischung geben und den geschälten Knoblauch durch eine Presse dazudrücken.
5. Das Gericht mit dem Oregano und Cayennepfeffer abschmecken und im geschlossenen Topf etwa 10 Minuten schmoren lassen. Zuletzt die süße Sahne hineinrühren.
(auf dem Foto: Mitte)

Schnelle Hühnersuppe

für 2 Personen

1 Hähnchenkeule
gut ¾ l Wasser, Meersalz
1 Bund Suppengrün
½ Hähnchenbrustfilet
6 EL TK-Erbsen
1 kleiner Zucchino
2 EL süße Sahne
1 kleines Eigelb, Muskatnuß
1 Prise Curry oder Safranpulver
2 EL Kerbel oder Petersilie (fein gehackt)

1. Die Hähnchenkeule waschen und trockentupfen. In dem gesalzenen Wasser etwa 10 Minuten garen.
2. Das Suppengrün putzen, waschen und in mundgerechte Stücke schneiden. Mit den Erbsen und dem grobgewürfelten Zucchino zur Hähnchenkeule in die Suppe geben.
3. Nach weiteren 15 Minuten das gewaschene Brustfilet in den Topf legen. Nach 5 Minuten die Keule und das Filet herausnehmen, die Haut der Keule entfernen. Das Fleisch ebenfalls in mundgerechte Stücke schneiden und wieder in die Suppe legen.
4. Die Sahne mit dem Eigelb und 3 EL heißer Suppe verrühren und langsam zurück in den Topf gießen. Die Suppe darf nicht mehr kochen, sonst gerinnt das Ei.
5. Die fertige Suppe mit frischgeriebener Muskatnuß und dem Curry oder dem Safran abschmecken, in Teller oder Tassen füllen und mit den frischgehackten Kräutern bestreut servieren.

Polnische Weißkohlsuppe

für 2 Personen

1 Zwiebel
1 EL Maiskeimöl
300 g Lammkeule
150 g Steinpilze
1 TL Kümmel
1 Lorbeerblatt
3 Wacholderbeeren
½ l Gemüsebrühe
350 g Weißkohl
2 rote Beten
2 EL Crème fraîche

1. Die Zwiebel schälen, in dünne Ringe schneiden und in dem heißen Öl glasig dünsten.
2. Das Fleisch waschen, trockentupfen, in Würfel schneiden und zu der Zwiebel geben.
3. Die Steinpilze putzen, ebenfalls hinzufügen und alles kräftig anbraten. Den Kümmel, das Lorbeerblatt und die Wacholderbeeren dazugeben und die zuvor erhitzte Gemüsebrühe angießen.
4. Den Weißkohl putzen und auf einem Hobel fein zerkleinern.

5. Die roten Beten schälen und anschließend in dünne Scheiben schneiden.
6. Den Weißkohl und die roten Beten zum Fleisch geben und alles im geschlossenen Topf bei nicht zu starker Hitzezufuhr 40 Minuten kochen.
7. Das Lorbeerblatt und die Wacholderbeeren entfernen. Den Eintopf auf zwei Suppenteller verteilen und auf jeden in die Mitte einen Löffel Crème fraîche geben.
(auf dem Foto oben)

Buntes Gemüse mit Frikadellen

für 1 Person

Frikadellen:
1 Möhre
1 Stange Lauch
150 g Tatar
1 Eigelb
Kräutersalz
2 EL feingehackte Kräuter (Petersilie, Thymian, Majoran)
2 TL Olivenöl

Gemüse:

1 Bund Frühlingszwiebeln
2 Möhren
150 g Zucchini
1 EL Butter
Meersalz

außerdem:

1 EL gehackte Petersilie

1. Die Möhre schälen und fein reiben. Den Lauch putzen und waschen, den grünen Teil abschneiden, den weißen Teil fein hacken.
2. Das Tatar in eine Schüssel geben und mit dem Eigelb, dem Kräutersalz, den Lauchstücken, den Möhrenraspeln und den Kräutern mischen.
3. Die Frühlingszwiebeln putzen und in Ringe schneiden. Die Möhren schälen und schräg in dünne Scheiben schneiden. Die Zucchini putzen und in feine Scheiben hobeln.
4. Das Gemüse in der zerlassenen Butter andünsten. Etwa 5 EL Wasser dazugeben und alles mit Meersalz abschmecken. Das Gemüse anschließend 10 bis 15 Minuten dünsten.
5. Inzwischen aus dem Fleischteig zwei Frikadellen formen und im heißen Öl so lange braten, bis sie auf beiden Seiten braun sind.
6. Die Frikadellen zusammen mit dem Gemüse anrichten und mit Petersilie bestreuen.
(auf dem Foto: rechts)

Hackfleisch-Spinat-Gratin

für 2 Personen

1 kg frischer Spinat
1 Zwiebel
2 EL Butter
1 TL Zitronensaft
300 g Kalbhackfleisch
1 Msp. Cayennepfeffer
Muskatnuß
150 g süße Sahne
50 g geriebener Parmesan

1. Den Spinat putzen, gründlich waschen und abtropfen lassen. Die Zwiebel schälen, fein würfeln und in 1 EL Butter glasig dünsten. Den Spinat hinzugeben und zusammenfallen lassen, den Zitronensaft dazugeben.
2. Das Hackfleisch in 1 EL Butter kurz anbraten und dabei zerkrümeln. Mit Salz, Cayennepfeffer und frischgeriebener Muskatnuß abschmecken. Den Backofen auf 180 Grad vorheizen (Gasherd: Stufe 2). Eine Auflaufform einfetten.
3. Die Hälfte des Spinats in die feuerfeste Form geben und die Hälfte des Hackfleisch über den Spinat streichen, diesen Vorgang wiederholen.
4. Die Sahne mit 2 EL Wasser mischen, den Parmesan darunterrühren und alles über den Auflauf gießen. Die Form in den Ofen stellen, den Spinatauflauf etwa 25 Minuten backen.
(auf dem Foto: links)

Gefüllte Gurke

für 2 Personen

1 Salatgurke
1 Zwiebel
1 EL Sonnenblumenöl
2 Knoblauchzehen
300 g Rinderhackfleisch
500 g Tomaten
Kräutersalz
1 TL Kräuter der Provence
körnige Brühe (Frugola)
1 Msp. Cayennepfeffer
5 EL saure Sahne
1 EL gehackte Kräuter
(Petersilie und Dill)

1. Die Gurke schälen, der Länge nach halbieren und die Kerne mit einem Löffel herauskratzen.
2. Die Zwiebel schälen, fein würfeln und in dem Öl glasig dünsten. Die geschälten Knoblauchzehen durch eine Presse dazudrücken.
3. Das Hackfleisch zu den Zwiebeln geben und krümelig anbraten.
4. Die Tomaten vierteln und die Stielansätze entfernen. Die Tomaten mit dem Schneidstab fein pürieren und das Püree nach Belieben durch ein feines Sieb streichen.
5. 2 bis 3 EL Tomatenpüree zum Hackfleisch geben, mit Kräutersalz und den Kräutern der Provence würzen.
6. Die Gurkenhälften in der Mitte einmal quer durchschneiden; anschließend mit der Hackfleischmischung füllen.
7. Das restliche Tomatenpüree in einen kleinen Bräter geben, mit der körnigen Brühe und dem Cayennepfeffer abschmecken, die gefüllten Gurken hineinsetzen.
8. Im geschlossenen Topf bei geringer Hitzezufuhr etwa 30 Minuten garen. Zum Schluß die saure Sahne in die Sauce rühren und die Gurken vor dem Servieren mit den Kräutern garnieren.
(auf dem Foto oben)

DER GUTE TIP

Im Sommer brauchen Sie die Gurken nur gründlich abzubürsten, die Schale kann mitgegessen werden. Treibhausware soll immer dünn geschält werden.

Lauwarme Hähnchenbrust mit Linsensprossen

für 2 Personen

½ Salatgurke
80 g Feldsalat
4 Tomaten
250 g Hähnchenbrustfilets
Meersalz, Curry
2 EL Sonnenblumenöl

Sauce:

1 Knoblauchzehe
1 EL Zitronensaft
1 TL Honig
2 EL gehackter Dill
3 EL saure Sahne
2–3 EL Linsensprossen

1. Die Salatgurke schälen, der Länge nach halbieren und die Kerne mit einem Löffel herauskratzen. Das Fruchtfleisch der Gurkenhälften dann in Scheiben schneiden.
2. Den Feldsalat gründlich waschen. Die Stielansätze der Tomaten entfernen und die Früchte achteln. Gurkenscheiben, Feldsalat und Tomatenachtel auf zwei Tellern anrichten.
3. Die Hähnchenbrustfilets leicht salzen und mit etwas Curry bestäuben. Das Sonnenblumenöl in einer Pfanne erhitzen und das Fleisch jeweils von beiden Seiten darin etwa 4 Minuten lang braten.
4. Inzwischen für die Sauce die Knoblauchzehe schälen, sehr fein hacken und mit dem Zitronensaft, dem Honig und etwas Wasser oder Gemüsebrühe verrühren.
5. Den gehackten Dill unter die Sauce rühren und mit der sauren Sahne verfeinern.
6. Die Hähnchenbrustfilets in Streifen schneiden und warm auf dem Salat verteilen. Die Sauce über den Salat gießen und die Linsensprossen darüberstreuen. (Wie Sie sich die Linsensprossen leicht selber ziehen können, steht in diesem Buch auf Seite 26/27)
(auf dem Foto oben)

Geflügelleber mit bunten Früchten

für 1 Person

100 g Hühner- oder Putenleber
1 EL Pflanzenöl
Meersalz
1 Kiwi
1 Scheibe frische Ananas
½ Apfelsine
1 EL Cashewkerne
¼ TL Curry

1. Die geputzte und gewaschene Leber mit Küchenpapier trockentupfen. In dem heißen Fett rundherum anbraten, auf kleiner Flamme fertigbraten.
2. Die gebratene Leber herausnehmen, mit etwas Meersalz würzen und warm stellen.
3. Die Früchte schälen und grob würfeln. In derselben Pfanne langsam erhitzen. Anschließend die heißen Früchte auf die Leber geben.
4. Die Nüsse längs halbieren und in derselben Pfanne mit dem Curry erhitzen. Vor dem Servieren über die Leber und die Früchte streuen.

Kalbsragout mit Champignons

für 1 Person

100 g Kalbsfilet
1 TL Butter
4 EL Weißwein
1 kleine Zwiebel
1 Knoblauchzehe
100 g frische kleine Champignons
Meersalz
etwas körnige Brühe (Frugola)
1 Umdrehung weißer Pfeffer aus der Mühle
1 EL saure Sahne
2 EL gehackte Dillspitzen

1. Das Filet würfeln. In der heißen Butter rundherum anbraten. Mit dem Weißwein ablöschen.
2. Die Zwiebel und den Knoblauch schälen und fein würfeln, zum Fleisch geben.
3. Die Champignons abbürsten, putzen und je nach Größe ganz lassen, halbieren oder vierteln. Zum Ragout geben und unter Rühren 10 Minuten garen.
4. Das feine Ragout mit Salz, körniger Brühe und weißem Pfeffer fein abschmecken, mit der Sahne verfeinern und vor dem Servieren mit den Dillspitzen bestreuen.

Kohlrouladen in Tomatencreme

für 2 Personen

Kohlrouladen:
400 g Weißkohlblätter
(2 große oder 4 kleine Blätter)
1 Zwiebel
1 Knoblauchzehe
1 TL Pflanzenöl
150 g Lammhackfleisch
(ersatzweise Rinderhack)
1 Eigelb
etwas getrockneter Thymian
Salz
1 EL Pflanzenöl

Tomatencreme:
500 g Tomaten
1 Knoblauchzehe
1 TL Olivenöl
Meersalz
Muskatnuß
½ TL Honig
½ TL körnige Brühe
(z. B. Frugola)
2 EL süße Sahne
2 EL gehackte Petersilie

1. Die Kohlblätter in heißem Wasser blanchieren. Herausnehmen und trockentupfen. Die Strünke glattschneiden.
2. Die geschälte Zwiebel und Knoblauchzehe fein hacken und in dem Öl schmoren; sie dürfen nicht braun werden.
3. Das Hackfleisch mit dem Zwiebel-Knoblauch-Gemisch, dem Eigelb, etwas getrocknetem Thymian und Salz nach Geschmack verrühren.
4. Das gewürzte Hackfleisch auf die vorbereiteten Kohlblätter legen, aufrollen und mit Küchenzwirn zusammenbinden. In dem heißen Ofen rundherum leicht anbraten.
5. Für die Creme die kleingeschnittenen Tomaten mit der geschälten Knoblauchzehe in dem heißen Olivenöl unter Rühren 10 Minuten dünsten. Falls die Tomaten sehr wasserhaltig sind, weitere 5 Minuten einkochen lassen, bis eine breiähnliche Konsistenz erreicht ist.
6. Die Tomaten durch ein Sieb passieren, mit Meersalz und frisch geriebener Muskatnuß würzen und mit den restlichen Zutaten mischen.
7. Die angebratenen Rouladen in die Creme setzen und im geschlossenen Topf auf kleiner Flamme 50 bis 60 Minuten garen.

Gedünstete Bohnen mit Putenfächer und Pfeffersauce

für 4 Personen

Bohnen:
1 kg grüne Bohnen
1 EL Olivenöl
1 EL Butter
1 Zweig Bohnenkraut

Putenschnitzel:
Meersalz
4 Putenschnitzel
Paprikapulver, edelsüß
1 EL Olivenöl

Sauce:
1 Becher saure Sahne (150 g)
1 EL gefriergetrocknete grüne Pfefferkörner

1. Die grünen Bohnen putzen, waschen und anschließend in einem Sieb gut abtropfen lassen.
2. Das Olivenöl zusammen mit der Butter in einem genügend großen Kochtopf erhitzen.
3. Das Bohnenkraut in dem heißen Öl-Butter-Gemisch kurz rösten, anschließend die Bohnen und etwas Meersalz hinzufügen, 4 EL Wasser darübergeben und das Ganze im geschlossenen Topf auf kleiner Flamme 20 Minuten garen. Während des Garens eventuell noch etwas Wasser dazugeben, damit die Bohnen nicht anbrennen.

4. Wenn die Bohnen fertig sind, das Bohnenkraut entfernen.
5. Die gewaschenen und mit Küchenpapier trockengetupften Putenschnitzel mit etwas Meersalz und dem edelsüßen Paprikapulver bestreuen.
6. Das Olivenöl in einer Pfanne erhitzen und die Putenschnitzel in dem heißen Öl auf kleiner Flamme auf beiden Seiten insgesamt etwa 8 Minuten lang braten.
6. Anschließend das Fleisch aus der Pfanne nehmen und warm stellen. Für die Sauce die Sahne in die Pfanne geben, die Pfefferkörner und wenig Salz hinzufügen und etwas einkochen lassen.
7. Die Schnitzel fächerförmig aufschneiden, mit der Sauce begießen und zusammen mit den gedünsteten Bohnen servieren.
(auf dem Foto oben und auf dem Titelbild)

DER GUTE TIP

Dieses Gericht kann sehr gut von der ganzen Familie gegessen werden. Wer bei der Trennkost nicht mitmacht, erhält dazu etwas Reis oder ein paar Kartoffeln.

Gefüllte Paprikaschoten

für 1 Person

2 rote Paprikaschoten
1 Möhre
1 Zwiebel
1 EL geriebener Parmesan
1 Eigelb
150 g Rinderhackfleisch
1 Msp. Cayennepfeffer
Kräutersalz
100 g Champignons
1 EL Olivenöl
⅛ l Gemüsebrühe
2 EL saure Sahne
etwas Basilikum

1. Von den Paprikaschoten einen Deckel abschneiden, dann sorgfältig sämtliche Kerne sowie die Rippen entfernen.
2. Die Deckel ohne Stiel in kleine Würfel schneiden. Die Möhre putzen und fein reiben.
3. Die Zwiebel schälen und halbieren. Eine Zwiebelhälfte sehr fein würfeln und zusammen mit der Möhre, dem Parmesankäse und dem Ei zum Rinderhackfleisch geben.
4. Alles gut miteinander vermischen und den Fleischteig anschließend mit Cayennepfeffer und Kräutersalz würzen. Die Paprikaschoten damit füllen.
5. Die geputzten Champignons in Scheiben schneiden, dann die zweite Hälfte der Zwiebel in dünne Ringe schneiden.
6. Das Öl in einem Bräter nicht zu stark erhitzen und die Champignons, die Zwiebelringe und die Paprikawürfel darin anbraten.
7. Anschließend die gefüllten Paprikaschoten in den Bräter setzen und die Gemüsebrühe angießen. Im geschlossenen Topf bei nicht zu starker Hitzezufuhr etwa 45 Minuten schmoren lassen.
8. Die Sauce mit der sauren Sahne verfeinern. Die Basilikumblätter in Streifchen schneiden und die Paprikaschoten damit garnieren.
(auf dem Foto: oben)

Würziges Lammgulasch

für 2 Personen

300 g Lammkeule ohne Knochen
1 Gemüsezwiebel
1 rote Paprikaschote
1 grüne Paprikaschote
2 EL Olivenöl
1 Zweig Rosmarin
1 Zweig Thymian
1 Lorbeerblatt
2 EL Paprikapulver edelsüß
2 Msp. Cayennepfeffer
1 kg Tomaten
2 Knoblauchzehen
1 TL Koriander
1TL Rosmarin
1 TL Thymian
1 TL Kümmel
gekörnte Brühe (Frugola)
6 EL süße Sahne

1. Das Fleisch abwaschen, trockentupfen und in Würfel schneiden. Die Zwiebel schälen und in Ringe schneiden.
2. Die Paprikaschoten halbieren, das Innere entfernen und das Fruchtfleisch in feine Streifen schneiden.
3. Das Öl in einem Bräter erhitzen und die Fleischwürfel darin rundherum anbraten. Die Zwiebelringe hinzufügen und glasig werden lassen.
4. Anschließend die Paprikastreifen, den Rosmarin, den Thymian und das Lorbeerblatt dazugeben und das Ganze mit dem Paprikapulver und dem Cayennepfeffer würzen.
5. Die Stielansätze sowie einen Großteil der Kerne der Tomaten entfernen und die Tomaten mit dem Schneidstab pürieren. Das Püree nach Belieben durch ein Sieb streichen.
6. Das Tomatenpüree zum Gulasch geben. Die geschälten Knoblauchzehen durch eine Knoblauchpresse dazudrücken und die Gewürze sowie etwas gekörnte Brühe hineinrühren.
7. Das Gulasch zugedeckt etwa 60 Minuten köcheln lassen. Zwischendurch ab und zu umrühren. Vor dem Servieren die Kräuterzweige und das Lorbeerblatt entfernen und das Gulasch mit der Sahne verfeinern.
(auf dem Foto: unten)

Glasierte Zwiebeln

für 2 Personen

400 g kleine Zwiebeln
2 EL Pflanzenöl
1 Msp. körnige Brühe
2 EL heißes Wasser
Meersalz
1 EL Waldhonig
1 EL saure Sahne
2 EL gehackte Petersilie

1. Die Zwiebeln schälen. Das Pflanzenöl in einem Topf erhitzen und die Zwiebeln darin rundherum 5 Minuten braten.
2. Die körnige Brühe in dem heißen Wasser auflösen und zusammen mit etwas Meersalz zu den Zwiebeln geben. Das Ganze weitere 5 Minuten schmoren lassen.
3. Den Honig in dem Sud der heißen Zwiebeln auflösen, die Sahne dazugeben und alles nochmals offen einige Minuten sanft garen lassen, bis fast alle Flüssigkeit eingekocht ist.
4. Die glasierten Zwiebeln vor dem Servieren mit der gehackten Petersilie bestreuen.

Schweizer Rinderrouladen

für 4 Personen

4 Scheiben Rouladenfleisch vom Rind
2 EL körniger Senf (aus dem Reformhaus)
4 Scheiben gegarte Putenbrust
4 Scheiben Schweizer Emmentaler
1 kleine Salzgurke
1 Zwiebel
Meersalz
2 EL Maiskeimöl
½ l heißes Wasser
100 g saure Sahne

1. Die Fleischscheiben gründlich waschen und mit Küchenpapier trockentupfen, dann alle vier nebeneinander auf ein Brett legen. Die Fleischscheiben dünn mit etwas körnigem Senf bestreichen.
2. Auf jede Roulade jeweils eine Scheibe Putenbrust und eine Scheibe Käse legen.
3. Die Salzgurke längs vierteln, die Zwiebel in feine Ringe schneiden. Die Gurke und die Zwiebelringe im oberen Drittel der Roulade anordnen. Von dieser Seite her das Fleisch aufrollen und mit Küchenzwirn zusammenbinden.
4. Die Rouladen rundherum leicht mit Meersalz bestreuen. Das Öl in einem Bräter erhitzen und die Rouladen darin rundherum leicht anbraten.
5. Anschließend dann das heiße Wasser nach und nach angießen und die Rouladen bei mäßiger Temperatur garen.
6. Nach etwa 90 Minuten die fertigen Rouladen herausnehmen und warm stellen.
7. Zum Schluß die Sauce mit der sauren Sahne verrühren. Die Rouladen mit Sauce servieren.

DER GUTE TIP

Die fertigen Rouladen mit der Sauce lassen sich gut für eine weitere Mahlzeit einfrieren. Sie halten sich im Tiefkühlgerät bis zu 4 Monaten.

Tomatenfenchel

für 1 Person

1 Fenchelknolle
⅛ l Gemüsebrühe
300 g Tomaten
1 Zwiebel
1 Knoblauchzehe
1 Scheibe Räucherschinken
1 EL Olivenöl
1 EL gehackte Petersilie
Meersalz
1 EL saure Sahne

1. Die Fenchelknolle putzen, etwas Grün waschen und beiseite legen. Die Knolle einmal längs durchschneiden. Die Fenchelhälften in der Gemüsebrühe 10 Minuten garen, herausnehmen.
2. Die Tomaten grob würfeln und in der Gemüsebrühe ungefähr 10 Minuten offen garen, anschließend durch ein feines Sieb streichen.
3. Den Backofen schon jetzt auf 180 Grad vorheizen (Gasherd: Stufe 2).
4. Die Zwiebel und die Knoblauchzehe schälen und fein hacken, den Schinken fein würfeln.
5. Das Olivenöl in einem Topf erhitzen. Den Schinken in dem heißen Fett anziehen lassen, dann die Zwiebel und die Knoblauchzehe zum Schinken geben. Das Tomatenpüree dazugeben und das Ganze mit der gehackten Petersilie und mit etwas Meersalz pikant abschmecken.
6. Zum Schluß die saure Sahne einrühren. Falls die Sauce zu dünnflüssig ist, noch etwas einkochen.
7. Eine kleine ofenfeste Form mit Deckel einfetten, mit einem Löffel Tomatensauce ausstreichen. Die Fenchelhälften mit der Schnittfläche nach unten hineinsetzen, mit der Sauce begießen und im geschlossenen Gefäß 30 Minuten garen. Vor dem Servieren mit dem zurückgelegten Fenchelgrün bestreuen.

Filetgulasch mit Mittelmeergemüse

für 2 Personen

2 Zwiebeln
300 g Rinderfilet
1 EL Olivenöl
1 TL Rosenpaprika
¼ l Gemüsebrühe
100 g Zucchini
200 g Auberginen
1 gelbe Paprikaschote
1 Fleischtomate
2 Knoblauchzehen
Meersalz, 2 Lorbeerblätter
½ TL Kräuter der Provence
2 EL gehackte Petersilie

1. Die Zwiebeln schälen und fein würfeln. Das Fleisch in kleine Stücke schneiden und zusammen mit den Zwiebeln und dem Fett in einem Schmortopf andünsten.

2. Das Fleisch mit dem Rosenpaprika bestäuben und mit der Brühe auffüllen.
3. Die Zucchini, die Aubergine und die Paprikaschote putzen, waschen und in Stücke schneiden.
4. Die Tomate in heißes Wasser tauchen, enthäuten, würfeln und zusammen mit dem Gemüse zum Fleisch geben.
5. Die geschälten Knoblauchzehen hineinpressen und mit dem Meersalz, den Lorbeerblättern und den Kräutern der Provence pikant würzen.
6. 20 Minuten auf kleiner Flamme gar schmoren. Vor dem Servieren die Lorbeerblätter entfernen und das Gulasch mit der Petersilie bestreuen.

Rindfleischsuppe mit Gartengemüse

für 1 Person

- *125 g Rumpsteak*
- *1 TL Sonnenblumenöl*
- *1 Zwiebel*
- *1 Knoblauchzehe*
- *400 g gemischtes Gemüse (Möhren, grüne Bohnen, Sellerie, Kohlrabi, Blumenkohl, Lauch)*
- *¼ l Gemüsebrühe*
- *1 Msp. Paprikapulver, edelsüß*
- *Meersalz*
- *1 EL gehackte Petersilie*

1. Das Fleisch waschen, den Fettrand entfernen, das Rumpsteak trockentupfen und in Würfel schneiden. Die Fleischwürfel in Sonnenblumenöl rundherum anbraten.
2. Die Zwiebel und den Knoblauch schälen, beides fein würfeln, zum Fleisch geben und goldgelb anbraten.
3. In der Zwischenzeit das Gemüse waschen, putzen und zerkleinern. Das Gartengemüse mit der Brühe zum Fleisch geben und mit dem Paprikapulver und etwas Meersalz würzen.
5. Weitere 15 Minuten köcheln lassen und die Petersilie kurz vor dem Servieren darüberstreuen.

(auf dem Foto oben)

Hühnchen in Rotwein

für 1 Person

- *1 Hähnchenkeule*
- *Meersalz*
- *2 TL Paprikapulver edelsüß*
- *1 EL Olivenöl*
- *2 Knoblauchzehen*
- *300 g frische Champignons*
- *100 ml trockener Rotwein*
- *etwas Rosmarin*
- *etwas Thymian*
- *2 EL süße Sahne*
- *1 EL gehackte Petersilie*

1. Die gewaschene Hähnchenkeule mit Salz und dem Paprikapulver einreiben.
2. Das Öl in einem Schmortopf erhitzen und die geschälten Knoblauchzehen dazudrücken. Die Hähnchenkeule dazugeben und bei mittlerer Hitze von beiden Seiten goldbraun anbraten.
3. Die Champignons putzen und vierteln, dann zur Hähnchenkeule geben.
4. Den Wein angießen, das Ganze mit dem Rosmarin und dem Thymian würzen und zugedeckt 30 Minuten garen.
5. Die Sahne hineinrühren und das Ganze vor dem Servieren mit der Petersilie bestreuen.

Geflügelrolle mit Lauch-Apfel-Gemüse

für 1 Person

1 dünnes Putenschnitzel
Meersalz
1 Prise Curry
500 g Lauch
1 säuerlicher Apfel
1 Zwiebel
6 EL heißes Wasser
gekörnte Brühe (Frugola)
1 TL Apfeldicksaft
Meersalz
1 EL Butter
etwas Biobin (pflanzliches Bindemittel)
1 EL gehobelte Mandeln
1 EL saure Sahne

1. Das Schnitzel zwischen Klarsichtfolie flachklopfen. Das Fleisch waschen, trockentupfen, mit Salz und etwas Curry bestreuen, kühl stellen.
2. Den Lauch putzen, nur den weißen und hellgrünen Teil verwenden. Den säuerlichen Apfel vierteln, das Kerngehäuse entfernen, das Fruchtfleisch grob würfeln. Die Zwiebel schälen und fein würfeln.
3. Das heiße Wasser mit etwas gekörnter Brühe verrühren, den Lauch, die Apfel- und Zwiebelwürfel darin 15 Minuten kochen. Anschließend durch ein Sieb abgießen, die Kochflüssigkeit in einem Gefäß auffangen. Das Gemüse mit dem Apfeldicksaft und etwas Meersalz würzen.
4. Einen Teil des Gemüses auf das beiseite gestellte Putenschnitzel geben, das Schnitzel aufrollen und mit Küchengarn zusammenbinden. In der heißen Butter rundherum etwa 8 Minuten braten.
5. Das gefüllte Fleisch warm stellen. Den Bratensatz mit der zurückgestellten Gemüsekochflüssigkeit ablöschen, etwas einkochen lassen und nach Bedarf mit Biobin binden.
6. Das Gemüse nochmals erhitzen und mit den Mandeln und der sauren Sahne verfeinern.
(auf dem Foto oben)

Frischer Lachs mit Gemüse

für 2 Personen

½ Blumenkohl
400 g Brokkoli
2 Möhren
Meersalz
¼ l Wasser
2 Lachsfilets (à 150 g)
2 EL Olivenöl
1 EL Butter
Muskatnuß

1. Den Blumenkohl und die Brokkoli putzen, waschen und in kleine Röschen teilen. Die Stiele der Brokkoli schälen, der Länge nach vierteln.

2. Die beiden Möhren putzen und in dünne Scheiben schneiden.

3. Etwa ¼ l leicht gesalzenes Wasser zum Kochen bringen, zuerst die Brokkolistiele und den Blumenkohl hineingeben und etwa 5 Minuten kochen, danach das restliche Gemüse hinzufügen und alles zusammen weitere 15 Minuten köcheln lassen.

4. In der Zwischenzeit die Lachsfilets gründlich unter fließendem Wasser abspülen, dann mit Küchenpapier trockentupfen und mit etwas Meersalz würzen.

5. Den Fisch in der zuvor in einer großen Pfanne erhitzten Olivenöl-Butter-Mischung bei mittelstarker Hitzezufuhr ungefähr 6 Minuten lang braten. Die Filets dabei zwischendurch einmal wenden.

6. Das gegarte Brokkoli-Blumenkohl-Gemüse abgießen und mit etwas frisch geriebener Muskatnuß würzen.

7. Das Gemüse und den Fisch auf angewärmten Tellern servieren, mit dem Bratfett begießen.
(auf dem Foto oben)

Forelle blau mit Zitronensauce

für 1 Person

1 Bund Suppengrün
1 Zwiebel, 1 Lorbeerblatt
Zitronensaft
1 ausgenommene Forelle
(ca. 250 g)
Meersalz

Sauce:
1 EL Butter
1 EL Fischfond
1 Eigelb
1 EL Zitronensaft
etwas abgeriebene Schale
einer unbehandelten Zitrone
Meersalz

1. 1 1/4 l Wasser zum Kochen bringen. Das geputzte Suppengrün und die geschälte Zwiebel zerkleinern. Das Gemüse und das Lorbeerblatt ins Wasser geben, 1 TL Zitronensaft dazugießen und alles zusammen etwa 20 Minuten kochen lassen.
2. In der Zwischenzeit die Forelle sorgfältig waschen. Dabei den auf der Haut befindlichen Schleimfilm nicht verletzen.
3. Die Forelle innen mit etwas Zitronensaft beträufeln und mit dem Salz innen und außen würzen.
4. Den kochenden Sud von der Herdplatte nehmen und die Forelle hineingleiten lassen. Bei abgeschaltetem Herd in 8 bis 10 Minuten gar ziehen lassen.
5. Inzwischen für die Sauce die Butter in einem Topf schmelzen lassen, etwas heißen Fischfond dazugeben und gut mischen. Das Eigelb in einer Tasse verrühren, durch ein Sieb gießen. Das Eigelb in die gut warme Flüssigkeit gießen und verrühren (wenn die Flüssigkeit zu heiß ist, gerinnt das Eigelb). Die Sauce mit dem Zitronensaft, etwas Zitronenschale und dem Meersalz pikant abschmecken.
(auf dem Foto: oben)

Kabeljau mit Ratatouille

für 2 Personen

200 g Aubergine
1 rote Paprikaschote
1 gelbe Paprikaschote
150 g Zucchini
2 Zwiebeln
2 EL Olivenöl
5 Tomaten
2 Knoblauchzehen
1 TL Kräuter der Provence
Meersalz
400 g Kabeljaufilet
4 EL süße Sahne
1 Schuß herber Weißwein
2 EL gehackte Petersilie

1. Die Aubergine, die Paprikaschoten, die Zucchini putzen, waschen, die Zwiebeln schälen und alles in gleich große Würfel schneiden. Das Gemüse im heißen Olivenöl bei mittlerer Hitze andünsten.
2. Die Stielansätze der Tomaten und einen Teil der Kerne entfernen, das Fruchtfleisch mit dem Schneidstab pürieren. Das Tomatenpüree durch ein Sieb streichen und zum Gemüse geben. Den geschälten Knoblauch durch eine Presse dazudrücken.
3. Das Gemüse mit den Kräutern der Provence und etwas Salz abschmecken.
4. Das Kabeljaufilet waschen, trockentupfen, in zehn bis zwölf gleich große Stücke schneiden und zum Ratatouille geben. Vorsichtig umrühren und das Ganze im geschlossenen Topf 6 bis 8 Minuten köcheln lassen.
5. Zum Schluß die süße Sahne darunterziehen und das Gericht mit dem Wein abschmecken. Die Petersilie vor dem Servieren darüberstreuen.
(auf dem Foto: unten)

DER GUTE TIP

Nach den Hauptmahlzeiten drei bis vier Stunden nichts essen, nur Mineralwasser, Kräuter- und Früchtetee ist erlaubt, erst dann eine Zwischenmahlzeit einnehmen.

Schollenfilet in Orangensauce

für 1 Person

1 Packung TK-Schollenfilets (250 g)
1 EL Zitronensaft
Meersalz
etwas Koriander
2 EL Butter
80 ml frischgepreßter Orangensaft
1 Msp. Cayennepfeffer
1 TL Honig
etwas Biobin (pflanzliches Bindemittel)

1. Die Schollenfilets fast auftauen lassen, anschließend waschen, trockentupfen, mit Zitronensaft beträufeln, mit Salz und Koriander bestreuen.
2. Die Butter in einer Pfanne schmelzen lassen und die Fischfilets von beiden Seiten darin jeweils 4 bis 5 Minuten braten. Den fertig gebratenen Fisch warm stellen.
3. Den Orangensaft mit dem Cayennepfeffer und dem Honig würzen, in die Pfanne gießen und die Sauce leicht mit Biobin binden.
(auf dem Foto: Mitte)

DER GUTE TIP

Wenn Ihr Fischhändler frische Schollenfilets anbietet, sollten Sie zugreifen.

Kräuterscholle mit süßsaurem Gurkensalat

für 2 Personen

2 küchenfertige Schollen
2 Knoblauchzehen
1 Packung gemischte TK-Kräuter
½ TL Kräutersalz
2 EL flüssige Butter
1 Salatgurke

Salatsauce:
4 EL süße Sahne
1 EL Zitronensaft
1 TL Honig
½ TL Meersalz
1 TL körniger Senf (aus dem Reformhaus)
2 EL gehackter Dill

1. Die Schollen unter fließendem Wasser waschen und trockentupfen. Den Backofen auf 200 Grad vorheizen (Gasherd: Stufe 3).
2. Die Knoblauchzehen schälen und durch die Presse drücken; mit den Kräutern mischen. Anschließend damit die Schollen füllen und auf beiden Seiten mit etwas Kräutersalz einreiben.
3. Zwei große Bogen Alufolie mit der flüssigen Butter einfetten. Die Schollen darin locker einwickeln. Im heißen Backofen 10 Minuten lang garen und anschließend noch 5 Minuten im ausgeschalteten Ofen ruhen lassen.
4. In der Zwischenzeit die Gurke schälen und in feine Scheiben hobeln.
5. Für die Salatsauce die Sahne mit dem Zitronensaft, dem Honig, dem Meersalz, dem Senf und dem Dill verrühren, über die Gurkenscheiben gießen und vor dem Servieren vermengen.
(Gurkensalat auf dem Foto: unten rechts)

Graved Lachs auf Salat

für 2 Personen

200 g grüne Bohnen
Meersalz
1 gelbe Paprikaschote
2 Tomaten
1 Zwiebel
½ Kopfsalat

Sauce:
1½ EL Sonnenblumenöl
1 TL körniger Senf (aus dem Reformhaus)
4 EL süße Sahne
2 EL gehackter Dill
Kräutersalz

außerdem:
8 Oliven
130 g gebeizter Lachs (graved Lachs)
1 hartgekochtes Ei

1. Die grünen Bohnen waschen, putzen und in gleichmäßige, etwa 4 cm lange Stücke schneiden.

2. Die vorbereiteten Bohnen in leicht gesalzenem Wasser in etwa 15 Minuten garen, danach abgießen und abkühlen lassen.
3. Die Paprikaschote halbieren, putzen, die Stielansätze der Tomaten entfernen und das Paprika- und Tomatenfruchtfleisch klein würfeln.
4. Die Zwiebel schälen, in feine Würfel schneiden und kurz mit kochendem Wasser überbrühen.
5. Den Kopfsalat putzen und in mundgerechte Stücke zupfen. Den Salat mit allen vorbereiteten Zutaten in eine Schüssel geben und mischen.
6. Das Öl mit dem Senf und der Sahne verrühren. Den gehackten Dill dazugeben und die Sauce mit etwas Kräutersalz würzen.
7. Die Sauce über den Salat gießen und die entkernten Oliven darauf verteilen. Den Lachs in feine Streifen schneiden, das Ei achteln und den Salat damit garnieren.
(auf dem Foto: unten links)

Seelachspfanne

für 1 Person

1 rote Paprikaschote
1 Stange Lauch, 1 Möhre
1 EL Maiskeimöl
200 g Seelachs
1 EL Zitronensaft, Kräutersalz
Paprikapulver, edelsüß
2 EL süße Sahne
1 Zweig Petersilie
1 Zitronenscheibe

1. Die Paprikaschote halbieren, putzen und in kleine Würfel schneiden. Den Lauch putzen, die Möhre schälen und beides in Scheiben schneiden.

2. Das Ö in einer Pfanne erhitzen und das Gemüse darin unter Rühren 5 Minuten dünsten. Etwas Wasser angießen, alles zugedeckt etwa 10 Minuten kochen.

3. Das Fischfilet waschen, trockentupfen, in Würfel schneiden, mit Zitronensaft beträufeln und mit Kräutersalz würzen.

4. Den Fisch auf das Gemüse setzen und 8 bis 10 Minuten garen; dabei einmal wenden.

5. Das Gemüse mit der Sahne verfeinern, zusammen mit dem Fischfilet anrichten und mit Petersilie und Zitrone garnieren.

(auf dem Foto: oben)

Fischfrikadelle auf Suppengemüse

für 1 Person

125 g Kabeljaufilet
1 kleines Eigelb
Meersalz
etwas Dill
etwas Schnittlauch
1 EL Sesam
1 EL Olivenöl
1 Bund Suppengrün
Meersalz

1. Das Fischfilet kurz ins Eisfach legen und anfrieren lassen. Anschließend durch den Fleischwolf drehen.

2. Die Fischmasse mit dem Eigelb, etwas Meersalz, etwas Dill und einigen Schnittlauchröllchen vermischen.

3. Eine Frikadelle formen, den Sesam leicht andrükken. Das Olivenöl in der Pfanne erhitzen und die Fischfrikadelle auf beiden Seiten langsam braten. Die Garzeit beträgt knapp 10 Minuten.

4. Das Suppengemüse putzen und waschen. Danach die Möhre, das Stück Sellerie und den Lauch in feine Streifen schneiden. In wenig Wasser knapp garen, leicht salzen.

5. Die feinen Gemüsestreifen auf einen angewärmten Teller geben und die Fischfrikadelle daraufsetzen.

Forellensalat

für 1 Person

200 g Chinakohl, 1 rote Zwiebel
1 Fleischtomate, 1/3 Salatgurke

Sauce:

1 EL Obstessig, 1 EL Distelöl
Kräutersalz, 1 EL saure Sahne
1 TL Honig
125 g geräucherte Forelle
1 EL gehackter Dill

1. Den Chinakohl putzen, waschen, zerpflücken und gut abtropfen lassen.

2. Die Zwiebel schälen und in Ringe schneiden. Den Stengelansatz der Tomate entfernen und das Fruchtfleisch in dünne Scheiben schneiden. Die Gurke schälen und fein würfeln.

3. Den Chinakohl, die Zwiebelringe, die Tomate und die Gurke auf einen großen Teller legen.

4. Für die Sauce den Obstessig, das Öl, das Kräutersalz, die saure Sahne sowie den Honig verühren und über den Salat gießen.

5. Die geräucherte Forelle in kleine Stücke teilen und auf dem Salat verteilen.

6. Mit Dill bestreuen.

DER GUTE TIP

Fisch schmeckt nur, wenn er frisch ist. Haben Sie keine Möglichkeiten, frischen Fisch zu kaufen, dann greifen Sie am besten zu tiefgekühltem.

Ratatouille mit Peterfisch

für 2 Personen

200 g Aubergine
1 rote Paprikaschote
250 g Zucchini
1 Zwiebel
2 EL Olivenöl
4 Tomaten
1 Knoblauchzehe
½ TL Kräuter der Provence
Kräutersalz
400 g Peterfisch (2 Stücke à 200 g)
2 EL süße Sahne
1 Schuß herber Rotwein
Petersilie und Basilikum zum Garnieren

1. Die Aubergine, die Paprikaschote und die Zucchini waschen, putzen und in feine Streifen, die geschälte Zwiebel in Ringe schneiden. Das Gemüse im zuvor erhitzten Olivenöl bei mittlerer Hitze 8 Minuten dünsten.

2. Die Tomaten waschen, die Stielansätze und einen Großteil der Kerne entfernen und das Fruchtfleisch mit dem Schneidstab pürieren. Das Tomatenpüree zum Gemüse geben. Die geschälte Knoblauchzehe durch eine Presse dazudrücken.

3. Das Gemüse mit den Kräutern der Provence und etwas Kräutersalz würzen.

4. Die Fischfilets waschen, trockentupfen und zum Ratatouille geben. Vorsichtig umrühren und das Ganze in der geschlossenen Pfanne bei leichter Hitze 6 bis 8 Minuten köcheln lassen. Anschließend den Fisch mit zwei Gabeln zerpflücken, Gräten dabei entfernen.

5. Zum Schluß die süße Sahne darunterziehen und das Gericht mit dem Rotwein abschmecken. Mit Petersilie und Basilikum garnieren und servieren.
(auf dem Foto oben)

Pikanter Muscheltopf

für 1 Person

500 g Miesmuscheln mit Schale
1 EL Olivenöl
1 Glas Fischfond
1 Zwiebel
2 Knoblauchzehen
1 Lorbeerblatt
2 Stengel Petersilie
1 ganze Chilischote
1 Tomate
1 kleines Glas Weißwein

1. Die Muscheln unter fließendem Wasser abbürsten, die Bärte und eventuelle Kalkgehäuse dabei entfernen.

2. Das Olivenöl in einem Topf erhitzen und die Muscheln hinzufügen.

3. Den Fischfond in einem kleinen Topf zum Kochen bringen, dann über die Muscheln gießen.

4. Die Zwiebel und die Knoblauchzehen schälen und fein hacken. Mit den restlichen Zutaten zu den Muscheln geben. Den Topf schließen und die Muscheln dann auf großer Flamme erhitzen.

5. Sobald alle Muscheln offen sind, herausnehmen und den Fond noch etwas einkochen.

6. Sie können die gegarten Muscheln in einen tiefen Teller geben und mit dem Fond begießen und warm verzehren. Sie können die Muscheln aber auch aus den Schalen herausholen, in den reduzierten und gesiebten Fond legen und abkühlen lassen.

DER GUTE TIP

Bevor Sie die Muscheln kochen, müssen Sie alle geöffneten Muscheln aussortieren und fortwerfen. Finden Sie nach dem Garen im Topf noch geschlossene Muscheln, müssen Sie auch diese wegwerfen.

Überbackener Blumenkohl

für 2 Personen

¼ l Gemüsebrühe
Muskatnuß
700 g Blumenkohlröschen
Fett für die Form
120 g geriebener Gouda, 45% Fett i.Tr.

1. Die Gemüsebrühe mit etwas frischgeriebener Muskatnuß erhitzen und den Blumenkohl darin bei geringer Hitzezufuhr in etwa 14 Minuten bißfest garen.
2. Den Backofen auf 200 Grad vorheizen (Gasherd: Stufe 3). Das Gemüse herausnehmen, in eine gefettete Auflaufform geben und etwas Kochbrühe angießen.
3. Den Käse über den Blumenkohl verteilen, die Form in den Ofen stellen und das Ganze etwa 10 Minuten überbacken, bis der Käse geschmolzen ist.
(auf dem Foto oben)

DER GUTE TIP

Wenn Ihre Familie die Trennkost nicht mitessen möchte – nicht verzagen, bereiten Sie zu den einzelnen Gerichten entweder Beilagen wie Reis, Nudeln, Kartoffeln oder kurzgebratenes Fleisch oder Fisch.

Gefüllte Zwiebeln

für 2 Personen

4 Gemüsezwiebeln
300 g frische Champignons
2 EL Butter
gekörnte Brühe (Frugola)
1–2 TL Currypulver
2 Knoblauchzehen
100 g Appenzellerkäse
4 EL saure Sahne
Fett für die Form
1 Zweig Petersilie

1. Die Zwiebeln im ganzen in wenig Wasser etwa 10 Minuten dünsten. Das Kochwasser aufheben, die Zwiebeln etwas abkühlen lassen, schälen und einen Deckel abschneiden, dann jede Zwiebel vorsichtig aushöhlen.
2. Die entfernten Zwiebelteile und die Deckel der Zwiebeln fein hacken.
3. Die geputzten Champignons in feine Scheiben schneiden. In der heißen Butter zusammen mit den gehackten Zwiebelteilen anbraten.
4. Das Gemüse mit gekörnter Brühe und Curry abschmecken. Die geschälten Knoblauchzehen durch eine Knoblauchpresse dazu drücken.
5. Den Backofen auf 180 Grad vorheizen (Gasherd: Stufe 2). Den Käse grob reiben, zusammen mit der sauren Sahne zum Gemüse geben und die Zwiebeln damit füllen. Übrige Füllung in eine eingefettete Auflaufform geben.
5. Die gefüllten Zwiebeln obendrauf setzen und etwas Zwiebelkochwasser angießen.
6. Die Auflaufform in den Ofen stellen und die Zwiebeln in etwa 25 Minuten überbacken. Vor dem Servieren mit der Petersilie garnieren.
(auf dem Foto: oben)

Auberginenauflauf

für 2 Personen

1 große Aubergine (500 g)
Meersalz
etwas Zitronensaft
500 g Tomaten
3 Eier
50 g geriebener Parmesan
1 EL Olivenöl
1 TL getrockneter Thymian
einige Rosmarinnadeln
1 Knoblauchzehe
¼ l Gemüsebrühe
125 g Mozzarella

1. Den Stielansatz der Aubergine entfernen, die Frucht quer in etwa 0,5 cm dicke Scheiben schneiden.
2. Die Scheiben jeweils auf beiden Seiten mit Zitronensaft beträufeln und leicht salzen, in ein Sieb legen und 30 Minuten lang ziehen lassen.
3. In der Zwischenzeit die Stielansätze der Tomaten und einen Großteil der Kerne entfernen, das Fruchtfleisch mit dem Schneidstab pürieren und durch ein Sieb streichen.
4. Die Eier mit 1 EL Wasser schaumig aufschlagen und zu dem Tomatenpüree geben. Den Parmesan, das Öl und die Kräuter hinzufügen. Die geschälte Knoblauchzehe durch eine Presse dazu drücken.
5. Den Backofen auf 180 Grad vorheizen (Gasherd: Stufe 2).

6. Die Auberginenscheiben abspülen und mit Küchenpapier abtrocknen. Anschließend nacheinander fünf Minuten in der heißen Gemüsebrühe kochen. Herausnehmen und abtropfen lassen. Die Auberginenscheiben abwechselnd mit der Tomatensauce in eine feuerfeste Form geben.
7. Die Mozzarella in dünne Scheiben schneiden und zuletzt auf die Auberginen legen. Die Form in den Ofen stellen und die Auberginen etwa 50 Minuten überbacken. Sollte der Käse zu braun werden, die Form abdecken.
(auf dem Foto: unten)

Bleichsellerie mit englischer Sauce

für 2 Personen

6 Stangen Bleichsellerie

Sauce:
2 hartgekochte Eigelb
1 hartgekochtes Ei
4 EL Joghurt, 3,5% Fett
1 TL körniger Senf (aus dem Reformhaus)
½ TL Paprikapulver edelsüß
Meersalz
1 TL Frutilose
1 TL Zitronensaft

1. Von den Selleriestangen die Fäden abziehen. Die Stangen aufrecht in ein hohes Glas stellen.
2. Für die Sauce die Eigelbe durch ein Sieb streichen, das hartgekochte Ei fein hacken, beides vermischen und dann mit den übrigen Zutaten gut verrühren.
3. Die Selleriestangen vor jedem Biß in die Sauce tauchen.

Champignons in Tomatensauce

für 1 Person

250 g Steinpilzchampignons
1 EL Olivenöl
1 Knoblauchzehe
1 Zwiebel
1 Packung Tomatenstückchen (aus dem Reformhaus)
1 Lorbeerblatt
½ TL Kräuter der Provence (getrocknet)

1. Die Champignons putzen und abbürsten. Je nach Größe ganz lassen, halbieren oder vierteln.
2. Das Olivenöl in einem weiten Topf erhitzen. Die Knoblauchzehe und die Zwiebel schälen, fein würfeln und beides in dem Öl anschwitzen. Die Pilze hinzufügen und 4 Minuten schmoren lassen.
3. Die Tomatenstückchen zu den Champignons geben, das Lorbeerblatt und die Kräuter dazugeben, umrühren und auf kleiner Flamme 20 Minuten garen.

Letscho

für 4 Personen

500 g Zwiebeln
3 Knoblauchzehen
750 g kleine Tomaten
650 g Paprikaschoten (rot, grün, gelb)
2 EL Olivenöl
1 TL Honig
Meersalz
½ TL körnige Brühe
2 EL gemischte Kräuter (Thymian, Majoran, Petersilie)

1. Die Zwiebeln schälen, halbieren, dann in Halbringe schneiden. Die Knoblauchzehen ebenfalls schälen und fein hacken oder durch die Knoblauchpresse drücken.
2. Die Tomaten halbieren, den Stielansatz herausschneiden. Die Paprikaschoten halbieren, putzen, in dicke Streifen schneiden.
3. Das Olivenöl in einem Topf erhitzen und das Gemüse darin anschwitzen, eine Tasse Wasser angießen und den Gemüsetopf geschlossen 40 Minuten auf kleiner Flamme garen. Ab und zu umrühren.
4. Das Gemüse mit dem Honig, etwas Meersalz und der körnigen Brühe würzen und vor dem Servieren mit den Kräutern bestreuen.

Spanisches Rührei

für 1 Person

2 Eier
Meersalz
1 EL Mineralwasser
½ grüne, gegarte Paprikaschote
1 Tomate
3 Oliven
1 TL Olivenöl

1. Die Eier mit etwas Salz und dem Mineralwasser verrühren.
2. Die halbe Paprikaschote (eventuell ein Rest vom Vortag) in schmale Streifen schneiden.
3. Die Tomate kurz in heißes Wasser tauchen, die Haut abziehen und den Stielansatz entfernen. Die Tomate vierteln, die Kerne mit einem Teelöffel entfernen.
4. Das Öl in einer Pfanne erhitzen, die verrührten Eier langsam in die heiße Pfanne laufen lassen. Sobald die Eier ein wenig gestockt sind, die Paprikastreifen, Tomatensegmente und die entkernten Oliven dekorativ darauf verteilen. Die Pfanne abdecken und das Ei auf kleiner Flamme garen.

Zwischendurch – herbfruchtig, süß und pikant

Auch bei der Trennkost muß niemand auf Desserts verzichten. Verzichten müssen Sie auf raffinierten, weißen Zucker, weiße Mehle und eingekochte Früchte. Wir zeigen Ihnen auf den folgenden Seiten – streng nach eiweißreicher und kohlenhydratreicher Kost getrennt – fruchtige Desserts, erfrischende Milchmixgetränke, süße Hauptmahlzeiten sowie Kuchen, Torten, Plätzchen und pikante Kekse für zwischendurch und als Dessert. Wir haben für Sie Rezepte mit exotischen Früchten, aber auch mit den beliebten Kirschen aus dem Alten Land, mit Beeren aus unseren Gärten und Äpfeln entwickelt. Leckermäuler entdecken hier bestimmt ihre Lieblingsmahlzeit. Essen Sie davor einen frischen Salat oder eine Rohkostplatte.

Buttermilchgelee

für 2 Personen

6 Blatt weiße Gelatine
300 g Himbeeren
3/8 l Buttermilch
3 EL Apfeldicksaft
6 Erdbeeren zum Garnieren

1. Die Gelatine 10 Minuten in kaltem Wasser quellen lassen.
2. Inzwischen die Himbeeren mit dem elektrischen Schneidstab pürieren. Das Fruchtpüree mit der Buttermilch und dem Apfeldicksaft verrühren.
3. Die Gelatine ausdrücken und in einem Topf bei geringer Hitzezufuhr auflösen. In die Buttermilchmischung gießen und gut unterrühren.
4. Das Dessert in Gläser füllen und im Kühlschrank mindestens 3 Stunden erstarren lassen. Vor dem Servieren mit den frischen Erdbeeren garnieren.
(auf dem Foto: Mitte)

Orangen-Kiwi-Dessert

für 2 Personen

2 Blutorangen
2 Kiwis
125 g Quark, 20% Fett i.Tr.
2 EL Orangenblütenhonig
2 EL gehackte Mandeln

1. Die Schale der Orangen abschneiden und dabei die weißen Häute entfernen.
2. Mit einem scharfen Messer an den Zwischenhäuten einschneiden, die Filets herauslösen und kleinschneiden.
3. Die Fruchtreste mit der Hand auspressen und den Saft auffangen.
4. Die Kiwis schälen, in Scheiben schneiden und mit den Orangenstücken mischen. Den zurückgestellten Orangensaft – bis auf 2 Eßlöffel – über den Obstsalat gießen und damit vermengen.
5. Den Quark mit den restlichen 2 EL Orangensaft und dem Honig verrühren.
6. Die Quarkcreme vor dem Servieren auf den Salat geben und mit den Mandeln bestreuen.
(auf dem Foto: links)

Grapefruitcocktail

für 1 Person

1/2 rote Grapefruit
50 g Brombeeren
1/2 Pfirsich
2 EL Milch
1 TL Honig
1 TL gehackte Pistazien

1. Das Fruchtfleisch der Grapefruithälfte vorsichtig mit einem scharfen Messer herauslösen und kleinschneiden.
2. Die Brombeeren waschen, entstielen, anschließend den halben Pfirsich entkernen, enthäuten und zerkleinern, dann die Brombeeren und die Pfirsichstücke mit den Grapefruitwürfeln vermischen.

3. Die Milch mit dem Honig verrühren und unter das Obst rühren. Den Cocktail 30 Minuten durchziehen lassen. Vor dem Servieren mit den Pistazien bestreuen.

Gefüllte Melone

für 2 Personen

2 EL ungeschwefelte Rosinen
2 cl Doppelkorn
1 Netzmelone
1 große Orange
200 g Erdbeeren
2 EL Zitronensaft
1 EL Birnendicksaft
1 Zweig Minze

1. Die gewaschenen Rosinen mit dem Doppelkorn begießen und etwa zwei Stunden durchziehen lassen.
2. Die Melone halbieren und die Kerne entfernen. Mit einem Kugelaustecher aus dem Fruchtfleisch kleine Kugeln herauslösen.
3. Die Orange schälen, dabei auch die weiße Haut entfernen. Mit einem scharfen Messer an den Fruchtwänden entlangschneiden und die Filets herauslösen. Die verbleibenden Fruchtreste auspressen und den Saft auffangen.
4. Die Orangenfilets mit den Melonenkugeln mischen. Die Erdbeeren putzen, waschen, vierteln und dazugeben.
5. Den Zitronensaft mit dem aufgefangenen Orangensaft mischen und mit dem Birnendicksaft süßen. Die eingelegten Rosinen hinzufügen und die Früchte mit dem Saft mischen.
6. Den Obstsalat in die Melonenhälften füllen, mit den Minzeblättchen dekorieren und vor dem Servieren für einige Zeit kalt stellen.
(auf dem Foto: rechts)

Fruchtjoghurt

für 1 Person

1 Nektarine
100 g frische Mango
3 Erdbeeren
100 g Joghurt, 3,5% Fett
1 TL Ahornsirup
1 TL Mandelsplitter

1. Die Nektarine und die Mango schälen und in mundgerechte Stücke schneiden. Die Erdbeeren putzen, waschen und kleinschneiden.
2. Anschließend mit dem Joghurt mischen, mit dem Ahornsirup süßen und mit den Mandelsplittern bestreuen.

DER GUTE TIP

Trennkost heißt nicht, daß Sie nun große Portionen eiweißhaltiger oder kohlenhydrathaltiger Kost zu sich nehmen können. Essen Sie nur so viel, daß Sie gerade satt sind.

Pfirsichkaltschale

für 1 Person

1 Eigelb
etwas abgeriebene Schale einer unbehandelten Zitrone
1 Msp. Kardamom
1 cl Doppelkorn
1 TL Honig
1 großer, reifer Pfirsich
1 EL geschlagene Sahne

1. Das Eigelb mit der Zitronenschale und dem Kardamom verrühren.
2. Im Wasserbad schaumig aufschlagen. Tropfenweise den Doppelkorn unterrühren und mit dem Honig süßen.
3. Die Creme in Eiswasser kaltschlagen. Den geschälten Pfirsich im Mixer pürieren, die gewürzte Eigelbsauce hinzugeben und alles miteinander vermischen.
3. Die Pfirsichkaltschale in ein Gefäß füllen und mit etwas Sahne garnieren.
(auf dem Foto: rechts)

Himbeerflammeri

70 ml Milch
1 Msp. Vanillemark
1 EL Ahornsirup
1 Dosierlöffel Nestargel
50 g Himbeeren (einige zur Dekoration beiseite legen)
2 EL Quark, 20% Fett i.Tr.

1. Die Milch mit dem Vanillemark zum Kochen bringen.
2. Den Ahornsirup unterrühren und dann die Flüssigkeit mit dem Nestargel binden. Danach den Topf vom Herd nehmen und das Ganze etwas abkühlen lassen.
3. Die Himbeeren waschen, mit einer Gabel zerdrücken, mit dem Quark vermischen und unter die Milchcreme rühren.
4. In ein Dessertglas füllen, mit den restlichen Himbeeren dekorieren und für zwei Stunden kalt stellen.
(auf dem Foto: oben)

Erdbeermilch

für 1 Person

50 g Erdbeeren
200 ml frische Vollmilch
1 EL Frutilose

1. Die Erdbeeren waschen und von den Stielansätzen befreien.

2. Anschließend die Früchte mit der frischen Milch und der Frutilose im Mixer pürieren.
(auf dem Foto Seite 92: links)

Ananas im Kokosmantel

für 1 Person

2 EL Kokosraspeln
2 Scheiben frische Ananas
2 EL geschlagene süße Sahne
2 Erdbeeren
1 Scheibe Kiwi

1. Die Kokosraspeln in einer beschichtenen Pfanne ohne Fett goldgelb rösten.
2. Die geschälten, feuchten Ananasscheiben in den Kokosraspeln wenden und auf einen Teller legen. Die Schlagsahne dazugeben. Mit den Erdbeeren und der Kiwischeibe garnieren.
(auf dem Foto oben)

DER GUTE TIP

Exotische Früchte wie Ananas, Kiwi, Papaya, Mango, Karambole (Sternfrucht), Physalis, Avocado und andere bereichern seit einigen Jahren unseren Speisezettel. Ab und zu können Sie diese Köstlichkeiten auf den Tisch bringen; meist aber sollte man sich doch an die Regeln der Vollwertkost halten und lieber auf eine zur Saison passende einheimische Obstsorte zurückgreifen.

DER GUTE TIP

Nutzen Sie die Früchte der Saison. Erdbeeren oder Kirschen, die im Winter über Tausende von Kilometern transportiert werden müssen, sind nicht nur sehr kostspielig, sie enthalten darüber hinaus nicht so viele Vitamine, Mineralien und Spurenelemente wie die Früchte von heimischen Feldern. Das ganze Jahr über finden Sie bei uns eine Vielzahl köstlicher Früchte und Beeren im Angebot.

Rote Grütze

für 4 Personen

200 g Erdbeeren, geputzt
200 g Himbeeren, geputzt
200 g Sauerkirschen, entkernt
200 g gemischte Johannisbeeren, rot und schwarz, geputzt (ersatzweise TK-Früchte)
300 ml Kirschsaft
6 EL Frutilose
2 EL Zitronensaft
5–6 Meßlöffel Biobin (pflanzliches Bindemittel)
100 g geschlagene süße Sahne

1. Die Früchte mit dem Kirschsaft mischen, alles in ein Sieb geben und den Saft auffangen, mit der Frutilose süßen und den Zitronensaft dazugeben. Den Saft aufkochen lassen.
2. Den Topf vom Herd nehmen, das Biobin einrühren, und alles kurz aufwallen lassen, so daß es bindet. Heiß über die Früchte gießen, die Grütze abkühlen lassen und mit der Sahne garnieren.
(auf dem Foto: rechts)

Himbeersorbet

für 2 Personen

200 g TK-Himbeeren
175 g Sahnedickmilch
3 EL Akazienhonig
1 EL Zitronensaft
einige Himbeeren zum Garnieren

1. Die leicht angetauten Himbeeren mit dem Schneidstab pürieren. Das Püree nach Belieben durch ein Sieb streichen und so die Kerne entfernen.
2. Die gut gekühlte Sahnedickmilch mit dem Honig und dem Zitronensaft verrühren und mit dem Himbeerpüree mischen.
3. Das Sorbet in Dessertgläser geben, mit Himbeeren garnieren und sofort servieren.
(auf dem Foto: Mitte)

Altenländer Kirschsuppe

für 2 Personen

500 g frische Sauerkirschen
1 Stange Zimt
3 Gewürznelken
1 Msp. Kardamom
etwas Biobin (pflanzliches Bindemittel)
4 EL Frutilose
2 cl Rotwein

1. Die Sauerkirschen entsteinen und in einen Topf geben. ¼ l Wasser, die Zimtstange, die Nelken und den Kardamom hinzufügen.
2. Alles aufkochen und im offenen Topf 4 Minuten kochen lassen. Die Suppe mit Biobin leicht binden. Dafür den Topf vom Herd nehmen, das Bindemittel in die Suppe rühren und alles nochmals aufkochen lassen.

3. Die Kirschsuppe mit der Frutilose süßen und mit dem Rotwein aromatisieren. Die Altenländer Kirschsuppe kalt servieren.
(auf dem Foto: links)

Kiwi-Sahne-Sorbet

für 1 Person

2 Kiwis
2 EL süße Sahne
1 TL Honig
1 TL gehackte Pistazien

1. Die Kiwis schälen, 2 schöne Scheiben zur Seite legen. Die restlichen Kiwis grob hacken und durch ein Sieb streichen.
2. Die Sahne steif schlagen, unter das Kiwipüree heben und mit dem Honig süßen.
3. In ein Dessertglas füllen und im Gefrierfach etwa 2 Stunden anfrosten lassen. Zwischendurch umrühren, damit sich keine Kristalle bilden.
4. Vor dem Servieren die Kiwischeiben fächerförmig auf das Sorbet legen und mit den Pistazien dekorieren.

Pfirsich „Royal"

für 1 Person

100 g TK-Heidelbeeren
1 EL Ahornsirup
½ großer, reifer Pfirsich

1. Die tiefgefrorenen Heidelbeeren leicht antauen lassen. Im Mixer pürieren und mit dem Ahornsirup süßen.
2. Das halbgefrorene Heidelbeerpüree in einen flachen Dessertteller geben und glattstreichen.
3. Den Pfirsich entkernen und enthäuten. Auf das Püree setzen und sofort servieren.

DER GUTE TIP

Dr. Hay, dem wir die Trennkost verdanken, empfiehlt, säurehaltiges Obst und Beeren nur zwischen Morgen und Nachmittag zu verzehren. In geringen Mengen kann es mit eiweißhaltiger Nahrung gemischt werden, nie aber mit kohlenhydrathaltiger.

Käsesahnetorte mit Mandelstreuseln

für 16 Stücke

Teig:
25 g frische Hefe
250 g feines Weizenvollkornmehl
30 g Butter
3 EL Honig, Meersalz
Butter für die Form

Streusel:
200 g feines Weizenvollkornmehl
100 g kalte Butter
100 g Honig
2 EL gehackte Mandeln

Füllung:
8 Blatt weiße Gelatine
500 g Quark, 20% Fett i.Tr.
100 g Frutilose
1 Vanilleschote
1 TL abgeriebene Schale einer unbehandelten Zitrone
2 EL Zitronensaft
250 g süße Sahne

1. Die Hefe in 130 ml warmem Wasser auflösen und zusammen mit der Hälfte des Vollkornmehls zu einem glatten Vorteig verrühren. Ihn etwa 20 Minuten an einem warmen Ort gehen lassen.
2. Anschließend das restliche Vollkornmehl, die zerlassene, lauwarme Butter, den Honig und etwas Meersalz hinzufügen und alles zu einem geschmeidigen Teig verarbeiten.
3. Eine Springform einfetten, den Teig gleichmäßig auf dem Boden verteilen und ihn abgedeckt nochmals so lange an einem warmen Ort gehen lassen, bis sich sein Volumen etwa verdoppelt hat.
4. Inzwischen den Backofen auf 160 Grad vorheizen (Gasherd: Stufe 1). Für die Streusel das Vollkornmehl zusammen mit der Butter, dem Honig und den Mandeln zu Streuseln verarbeiten. Ein Backblech mit Backpapier auslegen und die Streusel darauf verteilen.
5. Das Blech in den Ofen schieben und die Streusel etwa 20 Minuten backen, anschließend abkühlen lassen. Die Springform in den Ofen stellen und den Hefeteig in etwa 25 Minuten backen. Den fertig gebackenen Teig ebenfalls auskühlen lassen.
6. Für die Füllung die Gelatine 10 Minuten in kaltem Wasser quellen lassen.
7. Inzwischen den Quark mit einem Schneebesen glattrühren und mit der Frutilose süßen. Das Mark der aufgeschlitzten Vanilleschote, die Zitronenschale und den Zitronensaft hineinrühren.
8. Die Gelatine gut ausdrücken und in einem Topf im heißen Wasserbad auflösen. Die aufgelöste und leicht abgekühlte Gelatine mit der Quarkcreme gut mischen.
9. Die Sahne steif schlagen und vorsichtig unter den Quark heben.
10. Die Sahnecreme so lange kalt stellen, bis sie zu stocken beginnt. Dann auf den ausgekühlten Hefeteigboden streichen.
11. Zum Schluß die knusprigen Mandelstreusel auf der Creme verteilen und die Torte für 30 Minuten kalt stellen.
(auf dem Foto oben)

Gefüllte Grünkernpfannkuchen

für 1 Person

Pfannkuchen:
50 g feines Grünkernmehl
(oder Buchweizenmehl)
½ TL Weinsteinbackpulver
3 EL süße Sahne
1 Eigelb
Meersalz

Füllung:
150 g Quark, 20% Fett i.Tr.
1 EL Sonnenblumenkerne
1 EL Honig

außerdem:
2 EL Butter
40 g gehobelte Mandeln

1. Das Mehl mit dem Backpulver mischen. 120 ml lauwarmes Wasser, die Sahne, das Eigelb und etwas Salz hinzufügen und alles zu einem dünnflüssigen Teig verrühren.
2. Den Teig abgedeckt an einem warmen Ort 20 Minuten quellen lassen.
3. Inzwischen für die Füllung den Quark mit den Sonnenblumenkernen und dem Honig gründlich verrühren.
4. Die Butter in einer Pfanne schmelzen lassen. Die Hälfte der gehobelten Mandeln dazugeben und leicht rösten.
5. Die Hälfte des Pfannkuchenteigs darüber verteilen und bei mittelstarker Hitzezufuhr 1 bis 2 Minuten backen. Den Pfannkuchen wenden und nochmals 1 bis 2 Minuten backen. Den zweiten Pfannkuchen ebenso zubereiten.
6. Die Pfannkuchen mit der Quarkcreme bestreichen, zusammenrollen und sofort servieren.
(auf dem Foto oben)

DER GUTE TIP

Wenn Sie Vollkornprodukte nicht gewohnt sind, stellen Sie Ihre Ernährung langsam um; durch die hohe Zufuhr von Ballaststoffen kann es vorübergehend zu Blähungen kommen.

Buchweizenklößchen mit Apfelkompott

für 4 Personen

Klößchen:

- 150 g Buchweizen, grob geschrotet
- 0,3 l Wasser
- 2 EL Vollkorngrieß
- 100 g Weizenmehl, Type 1050
- 40 g gemahlene Mandeln
- 3 Eigelb
- 4 EL Ahornsirup
- 2 EL gehobelte Mandeln
- Meersalz

Kompott:

- 1 kg mürbe Äpfel
- 4 EL Apfelsaft
- 4 EL Wasser
- 2 EL Honig
- Nelkenpulver
- Zimt
- Kardamom

1. Den Buchweizen mit dem Wasser zum Kochen bringen. Unter Rühren etwa 20 Minuten köcheln lassen. Anschließend neben dem Herd 30 Minuten ausquellen lassen.

2. Die restlichen Klößchenzutaten mit dem gequollenen Buchweizen verrühren und alles mit etwas Meersalz abschmecken. Eventuell noch etwas Wasser hinzufügen. Die Masse soll gut formbar sein. Diese Mischung vor der Weiterverarbeitung etwa 10 Minuten ruhen lassen.

3. Die Äpfel schälen, vierteln, das Kerngehäuse herausschneiden und das Fruchtfleisch grob würfeln. Apfelsaft und Wasser in einem Topf mischen, die Apfelstücke hineingeben und auf kleiner Flamme weich dünsten.

4. Das Apfelkompott mit dem elektrischen Stabmixer nicht zu fein pürieren. Mit dem Honig und den Gewürzen abschmecken.

5. Zwei Liter Salzwasser zum Kochen bringen. Mit zwei angefeuchteten Löffeln aus der Buchweizenmasse kleine Klößchen abstechen und etwa 10 Minuten in dem heißen Wasser ziehen lassen, abtropfen lassen und mit dem warmen Apfelkompott servieren.
(auf dem Foto oben)

DER GUTE TIP

Die Buchweizen-Klößchen schmecken auch herzhaft sehr gut. Würzen Sie sie mit gehackten Kräutern. Dazu ein Püree aus Äpfeln und Birnen, aus Äpfeln und Zwiebeln oder aus Möhren und Kohlrabi.

Mürbes Haferflockengebäck

für etwa 30 Stück

150 g kernige Haferflocken
100 g feines Weizenvollkornmehl
1 TL Weinsteinbackpulver
125 g kalte Butter
125 g Honig
1 TL abgeriebene Schale einer unbehandelten Zitrone
50 g gemahlene Haselnüsse
50 g Sesam

1. Die Haferflocken in der Pfanne ohne Fett leicht rösten, abkühlen lassen.
2. Die Haferflocken, das Weizenmehl und das Backpulver mischen und in eine Schüssel geben.
3. In die Mitte eine Vertiefung drücken und die in Stücke geschnittene Butter, den Honig, die Zitronenschale, die gemahlenen Haselnüsse und den Sesam hineingeben. Alle Zutaten zu einem geschmeidigen Teig verkneten.
4. Den Backofen auf 160 Grad vorheizen (Gasherd: Stufe 1). Den Teig zu einer Rolle (4 cm ø) formen und in etwa 1 cm dicke Scheiben schneiden.
5. Das Haferflockengebäck nicht zu dicht auf das Backblech legen, da es beim Backen auseinanderläuft. Das Gebäck in etwa 10 Minuten knusprig goldbraun backen.
(auf dem Foto: rechts)

Mandeltaler

für etwa 30 Stück

200 g feines Weizenvollkornmehl
1 TL Weinsteinbackpulver
1 Vanilleschote
1 EL süße Sahne
100 g weiche Butter
100 g gemahlene Mandeln
75 g Honig
3 EL süße Sahne zum Bestreichen
etwa 30 Mandeln

1. Das Weizenmehl mit dem Backpulver mischen und auf eine Arbeitsfläche geben. In die Mitte eine Vertiefung drücken.
2. Die Vanilleschote aufschlitzen, das Mark herauskratzen und zusammen mit 3 EL Wasser, der Sahne, der Butter, den gemahlenen Mandeln und dem Honig in die Mehlmulde geben und alles zu einem geschmeidigen Teig verkneten.
3. Den Teig zu einer Rolle formen (etwa 4 cm ø), in Folie wickeln und für etwa eine Stunde kalt stellen.
4. Den Backofen auf 180 Grad vorheizen (Gasherd: Stufe 2). Die Rolle anschließend in etwa 1 cm dicke Scheiben schneiden. Ein Backblech mit Backpapier auslegen. Die Plätzchen nebeneinander darauf setzen.
5. Die Plätzchen mit etwas süßer Sahne bestreichen und in jedes eine Mandel drücken. Das Gebäck 10 bis 12 Minuten goldbraun backen.
(auf dem Foto: links)

Gewürzplätzchen

für etwa 40 Stück

Teig:

200 g Dinkelvollkornmehl
200 g Weizenvollkornmehl
80 g gemahlene Mandeln
200 g kalte Butter
Meersalz
abgeriebene Schale von einer halben unbehandelten Zitrone und einer halben unbehandelten Orange
1 Eigelb
150 g Honig
je 2 Msp. Zimt, Kardamom, Lebkuchengewürz, Nelkenpulver, Ingwerpulver

außerdem

etwa 40 halbe Mandeln

1. Die beiden Mehlsorten und die gemahlenen Mandeln mischen und in eine Schüssel geben. In die Mitte des Mehls eine Vertiefung drücken und die in Stücke geschnittene kalte Butter hineingeben.
2. Eine Prise Meersalz, die Zitronen- und die Orangenschale, das Eigelb, den Honig und die Gewürze hinzufügen und alles zu einem weichen geschmeidigen Teig verkneten.
3. Den Backofen auf 160 Grad vorheizen (Gasherd: Stufe 1).
4. Den Teig zwischen Klarsichtfolie etwa 0,5 cm dick ausrollen und die Teigplatte anschließend mit einem scharfen Messer in etwa 40 kleine Quadrate schneiden. Ein Backblech mit Backpapier auslegen.
5. Die Plätzchen auf das Blech legen und jedes mit einer halben Mandel belegen. Die Gewürzplätzchen in 8 bis 10 Minuten backen.
(auf dem Foto Seite 101: unten)

DER GUTE TIP

Die Gewürzplätzchen kann man auch noch mit etwas Gewürzpulver (der verwendeten Gewürze) bestreuen; das pikante Mohngebäck kann man ganz einfach zum Sesamgebäck machen, indem man es statt mit Mohn mit Sesam bestreut.

Pikantes Mohngebäck

für etwa 35 Stück

Teig:

120 g feines Roggenvollkornmehl
2 Msp. Weinsteinbackpulver
70 g geriebener Käse mit mindestens 60% Fett i.Tr.
60 g weiche Butter
50 g saure Sahne

außerdem:

1 Eigelb
Mohn

1. Das Roggenmehl zusammen mit dem Backpulver, dem Käse, der Butter und der Sahne zu einem geschmeidigen Teig verkneten.
2. Den Teig auf einer bemehlten Arbeitsfläche zu einer Rolle (etwa 3 cm ø) formen und abgedeckt im Kühlschrank etwa eine Stunde lang ruhen lassen.
3. Inzwischen den Backofen auf 180 Grad vorheizen (Gasherd: Stufe 2).
4. Die Rolle danach in etwa 35 gleich dicke Scheiben schneiden und diese auf ein mit Backpapier ausgelegtes Backblech legen.
5. Das Eigelb mit 1 EL Wasser verquirlen und die Teigscheiben damit bestreichen. Anschließend mit Mohn bestreuen und etwa 18 Minuten backen.
(auf dem Foto Seite 101: oben)

Würzige Sesamstangen

für etwa 30 Stück

Teig:

240 g feines Weizenvollkornmehl
1 Päckchen Weinsteinbackpulver
1 TL Meersalz
Kräuter der Provence
3 EL Olivenöl
200 g Buttermilch

außerdem:

3 EL Sesam

1. Das Mehl mit dem Backpulver, dem Salz und den Kräutern der Provence nach Geschmack in einer Schüssel mischen.
2. Das Öl und die Buttermilch hinzufügen und alles zu einem glatten, geschmeidigen Teig verkneten.
3. Den Teig in 30 gleich große Stücke teilen und sie auf einer bemehlten Arbeitsfläche nacheinander zu etwa 10 cm langen Stangen rollen. Die Stangen in Sesam wenden, die Körner nicht andrücken.
4. Die Stangen abgedeckt im Kühlschrank etwa eine Stunde ruhen lassen. Den Backofen auf 180 Grad vorheizen (Gasherd: Stufe 2). Die Stangen auf ein mit Backpapier ausgelegtes Backblech legen und etwa 18 Minuten backen.
(auf dem Foto Seite 101: rechts)

Heidelbeer-Quark-Torte

für 16 Stück

Mürbeteig:

150 g Weizenvollkornmehl
1 Eigelb
75 g kalte Butter
1 EL Honig
2 EL Eiswasser

Belag:

6 Blatt weiße Gelatine
250 süße Sahne
500 g Quark, 20% Fett i. Tr.
100 g frische Heidelbeeren
3 EL Apfeldicksaft

Guß:

250 g Heidelbeeren
¼ l Wasser
1 Päckchen Tortenguß (ohne Zucker)
1 EL Apfeldicksaft

1. Alle Zutaten für den Mürbeteig rasch miteinander verkneten. In Klarsichtfolie wickeln und für 30 Minuten kalt stellen.
2. Eine Springform von etwa 22 cm Durchmesser einfetten, den Boden mit dem ausgerollten Teig gleichmäßig auslegen.
3. Anschließend im auf 180 Grad vorgeheizten Backofen (Gasherd: Stufe 2) etwa 10 Minuten backen. Nach dem Auskühlen den Teig vom Blech lösen, aber in der Form lassen.
4. Die Gelatine 10 Minuten in reichlich kaltem Wasser quellen lassen. Herausnehmen, gut ausdrücken und bei milder Hitze unter Rühren flüssig werden lassen.
5. In der Zwischenzeit die süße Sahne steif schlagen und mit dem Quark, den Heidelbeeren und dem Apfeldicksaft verrühren.
6. Die flüssige Gelatine hinzufügen, gut mischen und die Quark-Sahne-Creme auf den ausgekühlten Teig streichen, kühl stellen.
7. Die gewaschenen Heidelbeeren kurz in dem Wasser schwenken, in ein Sieb geben und den Saft auffangen.
8. Etwa 50 ml von diesem Wasser in eine Tasse geben und den Tortenguß hineinrühren.
9. Das restliche Wasser erhitzen, nicht kochen, und mit dem Apfeldicksaft süßen. Die Flüssigkeit von der Kochstelle nehmen und den Tortenguß unterrühren, nochmals kurz erhitzen und abkühlen lassen.
10. Die Heidelbeeren auf der Sahne-Quark-Masse verteilen und den Guß lauwarm darübergießen. Für etwa 2 Stunden kalt stellen.
(auf dem Foto oben)

Gefüllte Buchweizen-Pfannkuchen

für 1 Person

Pfannkuchen:

- *50 g Buchweizenmehl*
- *130 ml Buttermilch*
- *1½ EL süße Sahne*
- *½ Eigelb*
- *Meersalz*
- *2 EL Butter, 1 EL Sesam*

Füllung:

- *75 g Quark, 20% Fett i.Tr.*
- *1 EL Honig*
- *100 g Heidelbeeren (frisch oder tiefgekühlt)*

1. Das Buchweizenmehl, die Buttermilch, die süße Sahne und das halbe Eigelb zu einem dünnflüssigen Teig verrühren. Den Teig mit etwas Salz würzen und etwa 30 Minuten quellen lassen.

2. Ein Drittel der Butter in einer kleinen Pfanne schmelzen lassen. Ein Drittel des Teiges hineingießen, verteilen und sofort etwas Sesam darauf streuen. Den Pfannkuchen wenden.

3. Auf diese Weise nacheinander zwei weitere Pfannkuchen ausbacken.

4. Für die Füllung den Quark mit dem Honig und den Heidelbeeren verrühren. Die Pfannkuchen damit bestreichen, zusammenklappen und auf einem vorgewärmten Teller servieren.

(auf dem Foto oben)

Bananenquark

für 2 Personen

1 reife Banane
75 g Quark, 20% Fett i. Tr.
2 EL Sanddornsaft mit Honig

1. Die Banane mit einer Gabel zerdrücken und mit dem Quark und dem Sanddorn verrühren.
2. Den Bananenquark in Schälchen füllen und kühl servieren.
(auf dem Foto: Mitte)

Joghurt mit Sanddorn

für 1 Person

1 TL Honig
1 EL Sanddornsaft
100 g Joghurt, 3,5% Fett

1. Den Honig gleichmäßig mit dem Sanddorn verrühren und anschließend mit dem Joghurt vermischen und mit dem Pürierstab schaumig aufschlagen.
2. In ein Dessertschälchen füllen und kühl servieren.
(auf dem Foto: unten)

Feine Vanillecreme

für 3 Personen

¼ l Wasser
50 g feine Haferflocken
1 Vanilleschote
1 Eigelb
2 EL Honig
1 cl dunkler Rum
100 ml süße Sahne
3 TL Heidelbeeren

1. Das Wasser in einen Topf füllen und mit den Haferflocken verrühren. Kurz aufkochen, dann abkühlen lassen.
2. Die Vanilleschote längs aufschlitzen und das Mark herauskratzen. Zusammen mit dem Eigelb, dem Honig und dem Rum zu der abgekühlten Creme geben.
3. Die Sahne steif schlagen und vorsichtig darunterheben. Die Creme in Dessertgläser füllen und mit den Heidelbeeren verzieren.
(auf dem Foto Seite 104: oben links)

DER GUTE TIP

Sie können nach diesem Rezept auch eine Schokoladencreme zubereiten, indem Sie statt der Vanilleschote einen gehäuften Teelöffel Carob verwenden.

Stärkungsgetränk

für 1 Person

125 g Sahnedickmilch
⅛ l dunkles Bier
1 EL Pflaumenmus
1 TL Honig

1. Im Mixer oder mit dem Schneidstab die Sahnedickmilch, das Bier und das Pflaumenmus schaumig aufschlagen.
2. Mit dem Honig süßen, kurz kalt stellen, dann servieren.
(auf dem Foto Seite 104: oben rechts)

Bratäpfel

für 2 Personen

12 Mandeln
2 EL ungeschwefelte Rosinen
2 TL Honig
1 TL Zimt
2 mürbe Äpfel
1 EL flüssige Butter
200 ml naturtrüber Apfelsaft

1. Die Mandeln grob hacken und in einer beschichteten Pfanne ohne Fett goldgelb rösten.
2. Die Pfanne vom Herd nehmen und die Mandeln mit den Rosinen, dem Honig und dem Zimt mischen.
3. Den Backofen auf 180 Grad vorheizen (Gasherd: Stufe 2).
4. Die Äpfel schälen, das Kerngehäuse vorsichtig herausstechen, dabei einen Boden stehen lassen. Die Äpfel mit der Mandel-Rosinen-Mischung füllen.
5. Anschließend die gefüllten Früchte außen mit der flüssigen Butter bestreichen. Das geht am besten mit einem Küchenpinsel.
6. Die Äpfel in eine kleine, feuerfeste Form setzen und etwas des naturtrüben Apfelsafts angießen. Die Äpfel im Backofen etwa 40 Minuten schmoren lassen. Zwischendurch des öfteren etwas Apfelsaft über die Früchte geben.
(auf dem Foto oben)

DER GUTE TIP

Äpfel schmecken zu jeder Tageszeit; sie sind reich an Vitaminen, Mineralien und Ballaststoffen. Der säuerliche Apfel wird in der Trennkost zu den Eiweißen gezählt, der mürbe, süße Apfel hingegen kann mit Kohlenhydraten (Nudeln, Reis, Kartoffeln, Getreide) gemischt werden.

Am Ende des Tages – Kohlenhydrat-Mahlzeiten

Etwas Kleines, Feines, Leckeres muß es am Schluß des Tages sein. Auf den folgenden Seiten sollen Ihnen die feinen Suppen mit Gemüse und Getreide Appetit machen. Wie wäre es danach mit einem würzigen Heringssalat? Für die große Gemeinde der Spaghettifreunde haben wir die besten Kreationen rund um die Vollkornnudel entwickelt. Aber auch die Vollkornreisgerichte sind nicht zu vernachlässigen. Überhaupt machen wir Ihnen mit dem nahrhaften Getreide wie Gerste, Weizen, Grünkern, Dinkel und Quinoa einige nachahmenswerte Vorschläge für Ihren Speiseplan. Darüber hinaus finden Sie eine reiche Auswahl leckerer Gemüse- und Kartoffelrezepte, die auch Ihre Familie und Ihre Gäste begeistern werden. Zu einer Kohlenhydrat-Mahlzeit können Sie ein kühles Bier servieren.

Kräutersuppe mit Flädle

für 2 Personen

Flädle:

150 ml Buttermilch
1 Eigelb
Meersalz, Muskatnuß
50 g feines Dinkelvollkornmehl
2 TL Weizenkeimöl

Suppe:

1 Bund Suppengrün
100 g Kartoffeln
½ Zwiebel
gekörnte Brühe (Frugola)
1 Lorbeerblatt
½ Bund Petersilie
je 1 Zweig Thymian und Rosmarin
Meersalz
1 EL Schnittlauchröllchen
1 EL feingehackte Petersilie
1 TL frischer Liebstöckel

1. Die Buttermilch zusammen mit dem Eigelb in eine Schüssel geben und mit einem Schneebesen verquirlen. Etwas Salz und frischgeriebene Muskatnuß dazugeben.
2. Das Vollkornmehl nach und nach hinzufügen und alles zu einem glatten Teig verrühren.
3. 1 TL Weizenkeimöl in einer beschichteten Pfanne nicht zu stark erhitzen, die Hälfte des Teigs hineingeben, gleichmäßig verteilen und zu einem dünnen Pfannkuchen backen. Mit der zweiten Teighälfte ebenso verfahren.
4. Die Pfannkuchen aufrollen und abkühlen lassen, anschließend in dünne Flädle schneiden.
5. Das Suppengrün putzen, waschen und kleinschneiden. Die Kartoffeln schälen und würfeln. Die Schnittfläche der halben Zwiebel auf der Herdplatte leicht bräunen.
6. Alle Suppenzutaten mit ¾ l Wasser, gekörnter Brühe, dem Lorbeerblatt, der Petersilie, dem Thymian und dem Rosmarin zum Kochen bringen und bei kleiner Flamme 45 Minuten ziehen lassen. Anschließend durch ein Sieb geben und alles gut ausdrücken.
7. Die Gemüsebrühe wieder erhitzen, mit Salz abschmecken, die Flädle darin erwärmen. Die Kräuter kurz vor dem Servieren in die Suppe rühren.
(auf dem Foto oben)

Selleriesuppe mit Nudeln

für 1 Person

50 g Vollkornnudeln
300 ml Wasser
½ TL Meersalz
1 Bund Suppengrün
1 Möhre, 100 g Lauch
200 g Sellerie mit Grün
1 TL Butter, 400 ml Wasser
1 EL gekörnte Brühe (Frugola)
1 Msp. Cayennepfeffer
2 EL Creme fraîche
1 EL geriebener Käse
1 EL feingehacktes Selleriegrün

1. Die Vollkornnudeln in dem leicht gesalzenen Wasser 12 bis 15 Minuten bißfest garen, abgießen und beiseite stellen.
2. In der Zwischenzeit das Suppengrün waschen und putzen. Die Möhre in dünne Scheiben, den Lauch in Ringe schneiden und den gesamten Sellerie stifteln. Die zarten Blättchen des Selleriegrüns waschen und ebenfalls beiseite legen.
3. Die Butter in einem Topf schmelzen lassen und das Gemüse darin andünsten. Mit Wasser auffüllen und leicht mit der gekörnten Brühe würzen. Bei schwacher Hitze 15 bis 20 Minuten garen.
4. Die gegarten Nudeln hinzufügen und mit dem Cayennepfeffer würzen. Die Creme fraîche mit dem geriebenen Käse erhitzen, glattrühren, anschließend in die Nudelsuppe rühren.
5. Vor dem Servieren mit dem Selleriegrün bestreuen.
(auf dem Foto: links)

Würzige Grünkernsuppe

für 1 Person

100 g Petersilienwurzel
100 g Möhren
100 g Lauch
100 g Sellerie
1 Knoblauchzehe
1 Zwiebel
1 TL Butter
50 g Grünkernschrot
3/8 l Gemüsebrühe
Muskatnuß
1 EL süße Sahne
1 EL gehackte Petersilie

1. Die Petersilienwurzel, die Möhren, den Lauch und den Sellerie putzen, waschen und in kleine, gleichmäßige Würfel schneiden.
2. Die Zwiebel und die Knoblauchzehe schälen, kleinhacken und in der Butter glasig dünsten.
3. Den Grünkernschrot daruntermischen, kurz mitrösten lassen und anschließend mit der Gemüsebrühe auffüllen.
4. Das geputzte Gemüse hinzufügen und die Suppe zugedeckt 20 bis 25 Minuten garen.
5. Mit frischgeriebener Muskatnuß würzen und mit der Sahne verfeinern. Zum Schluß die gehackte Petersilie darüberstreuen.
(auf dem Foto: rechts)

Apfel-Lauch-Suppe

für 2 Personen

150 g Kartoffeln
600 g Lauch
1 großer mürber Apfel
1 Zwiebel
1 EL Butter
50 g saure Sahne
Meersalz
Muskatnuß
1 Bund Schnittlauch

1. Die Kartoffeln schälen und in kleine Würfel schneiden. Den Lauch putzen, in dünne Ringe schneiden und gründlich waschen. Den Apfel vierteln, das Kerngehäuse entfernen und das Fruchtfleisch grob würfeln.
2. Die Zwiebel schälen, fein würfeln und in der Butter glasig dünsten. Die Kartoffeln, den Lauch, die Apfelwürfel und ½ l Wasser hinzufügen, alles bei geringer Hitzezufuhr im geschlossenen Topf 18 bis 20 Minuten garen.
3. Die Suppe anschließend mit dem Schneidstab pürieren. Die saure Sahne unter die Suppe rühren und mit Salz und frischgeriebener Muskatnuß abschmecken.
(auf dem Foto Seite 112: oben)

Frühlingssüppchen

für 2 Personen

400 g Kartoffeln
½ l Gemüsebrühe
1 Stange Lauch
2 EL Butter
3 Möhren, 100 g Spargel
150 g TK-Erbsen
Muskatnuß, Kräutersalz
4 EL süße Sahne
2 EL gehackte Petersilie

1. Die geschälten Kartoffeln in Würfel schneiden und in der Gemüsebrühe in etwa 20 Minuten garen.
2. Inzwischen den Lauch putzen und in feine Ringe schneiden, in der heißen Butter kurz andünsten.
3. Die Möhren und den Spargel putzen, würfeln und mit den Erbsen zum Lauch geben.
4. Die Hälfte der gegarten Kartoffelwürfel aus der Brühe nehmen und zu dem Gemüse geben, unter gelegentlichem Umrühren etwa 10 Minuten schmoren lassen.
5. Das Gemüse mit frischgeriebener Muskatnuß und Kräutersalz würzig abschmecken.
6. Die restlichen Kartoffelwürfel in der Brühe pürieren. Das gedünstete Gemüse hinzufügen, mit der Sahne verfeinern und vor dem Servieren mit Petersilie bestreuen.
(auf dem Foto Seite 112: unten)

Zucchinicremesuppe

für 2 Personen

1 kg Zucchini
1 TL gekörnte Brühe (Frugola)
1 Knoblauchzehe
1 EL gehackte Pistazien
50 g saure Sahne

1. Die Zucchini putzen und in grobe Stücke schneiden.
2. Das Gemüse mit knapp ¾ l Wasser in einen Topf geben, mit der gekörnten Brühe abschmecken und 18 Minuten köcheln lassen.
3. Die Knoblauchzehe durch die Presse dazudrücken. Die Pistazien in die Suppe geben. Das Ganze im Mixer oder mit dem Schneidstab pürieren und mit der Sahne verfeinern.
(auf dem Foto: Mitte)

DER GUTE TIP

Zucchini sind fast das ganze Jahr über erhältlich. Sie werden nicht geschält. Das Gemüse schmeckt roh genauso gut wie gekocht oder gebraten.

Weizenkeimsuppe mit buntem Gemüse

für 1 Person

2 EL gekeimter Weizen
400 g gemischtes Gemüse (Möhren, Knollensellerie, Lauch, Zuckerschoten, Kohlrabi, grüne Bohnen)
½ l Gemüsebrühe
1 Eigelb, 2 EL süße Sahne
1 Msp. Cayennepfeffer
½ Kästchen Kresse

1. Wie Sie die Weizenkörner zum Keimen bringen können, steht in diesem Buch auf Seite 26/27 Ersatzweise weichen Sie Weizenkörner über Nacht ein und kochen sie am nächsten Tag gar.
2. Das Gemüse putzen und waschen. Das Gemüse in kleine Würfel schneiden (die Bohnen in etwa 2 cm lange Stücke).
3. Das Gemüse in der Brühe 18 Minuten köcheln lassen. Zum Schluß die abgespülten Weizenkeime oder die Weizenkörner zum Gemüse geben und 5 Minuten mitkochen.
4. Das Eigelb mit der süßen Sahne und dem Cayennepfeffer verquirlen und in die nicht mehr kochende Suppe rühren. Die Kresse darüberstreuen. Wie Sie Kresse selber herstellen können, steht auf Seite 26/27.
(auf dem Foto Seite 112: unten)

Topinambur mit Curry

für 1 Person

200 g Topinamburknollen
1 Zwiebel
1 Knoblauchzehe
1 Tomate
1 TL Butter
180 ml Gemüsebrühe
1 TL Honig
1 TL Currypulver
2 EL saure Sahne

1. Die Topinamburknollen waschen, in wenig Wasser gut 5 Minuten kochen, dann die Haut abziehen, das Fruchtfleisch in Scheiben schneiden.

2. Die Zwiebel schälen und fein hacken. Den Knoblauch schälen und durch eine Presse drücken. Die Tomate in heißes Wasser tauchen, dann enthäuten. Die Butter in einer Pfanne schmelzen lassen und die Zwiebel, den Knoblauch und die kleingeschnittene Tomate dünsten.

3. Die Topinamburscheiben hinzufügen und unter ständigem Wenden anbraten. Die Gemüsebrühe angießen und das Ganze zugedeckt 15 bis 20 Minuten köcheln lassen.

4. Den Topinambur mit dem Honig und dem Currypulver abschmecken und die saure Sahne hineinrühren.

(auf dem Foto: oben)

DER GUTE TIP

Topinambur – auch Erdartischocke genannt – schmeckt roh, gekocht, gebraten und püriert. Bedingt durch ihre knuppelige Gestalt läßt sie sich nach dem Kochen besser pellen als schälen.

Gelbe Paprikaschaumsuppe

für 2 Personen

1 Zwiebel
1 Knoblauchzehe
1 rote Paprikaschote
1 gelbe Paprikaschote
1 EL Butter
1 EL Grünkernmehl
3/8 l Gemüsebrühe
4 EL süße Sahne
1 EL gehackte Petersilie

1. Die Zwiebel und die Knoblauchzehe schälen und fein würfeln.
2. Die Paprikaschoten halbieren, die Kerne und weißen Teile entfernen, das Fruchtfleisch in Streifen schneiden. Einige sehr dünne rohe Paprikastreifen für die Garnitur beiseite legen.
3. Die übrigen Paprikastreifen zusammen mit den Zwiebel- und Knoblauchwürfeln etwa 5 Minuten in der Butter andünsten.
4. Dann das Grünkernmehl darüberstäuben, leicht anschwitzen und die Brühe unter Rühren dazugießen.
5. Das Gemüse etwa 30 Minuten köcheln lassen. Die Suppe mit einem Schneidstab pürieren und durch ein Sieb streichen, die Sahne dazugeben und schaumig aufschlagen.
6. Die zurückbehaltenen Paprikastreifen hinzufügen, und die Petersilie über die Suppe streuen.
(auf dem Foto: oben)

Kartoffel-Zwiebel-Suppe

für 1 Person

300 g Frühlingszwiebeln
400 g Kartoffeln
2 Knoblauchzehen
1 EL Maiskeimöl
1 Lorbeerblatt
1 TL Honig
½ l Gemüsebrühe
50 g saure Sahne
1 Msp. Cayennepfeffer
Muskatnuß
1 TL frische Thymianblättchen

1. Die Frühlingszwiebeln putzen; nur den weißen und hellgrünen Teil verwenden. Eine kleine Zwiebel beiseite legen, den Rest in dünne Scheiben schneiden.
2. Die Kartoffeln waschen, schälen und ebenso groß schneiden wie die Frühlingszwiebeln. Die Knoblauchzehen schälen und fein hacken.
3. Das Öl in einem Topf erhitzen und das kleingeschnittene Gemüse darin anschwitzen. Das Lorbeerblatt, den Honig sowie die Brühe dazugeben. Alles zusammen 20 Minuten kochen lassen. Das Lorbeerblatt entfernen.
4. Die Kartoffel-Zwiebel-Suppe nach Belieben ganz oder teilweise mit dem Schneidstab pürieren. Anschließend die saure Sahne, Cayennepfeffer und etwas frischgeriebene Muskatnuß einrühren. Die Suppe vor dem Servieren mit den Thymianblättchen bestreuen und die zurückgelegte Frühlingszwiebel in die Suppe legen.

DER GUTE TIP

Statt der Frühlingszwiebeln können Sie auch Lauch verwenden.

Grüne Spargelcremesuppe

für 2 Personen

500 g grüner Spargel
Meersalz
½ TL Frutilose
1 Stengel Petersilie
1 EL Butter
1 EL feines Grünkernmehl
3 EL saure Sahne
1 Eigelb
2 EL Schnittlauchröllchen

1. Den Spargel putzen. Nur das untere Drittel schälen. Den Spargel anschließend in ungefähr 3 cm lange Stücke schneiden.
2. 1 l Wasser mit etwas Meersalz, Frutilose und der Petersilie zum Kochen bringen, die Spargelabschnitte – bis auf die Köpfe – hineingeben und 15 Minuten köcheln lassen. Die Abschnitte mit einer Schaumkelle herausnehmen und die Spargelköpfe 5 Minuten kochen, ebenfalls herausnehmen.
3. Die Butter in einem Topf schmelzen lassen, das Mehl hineinrühren und anschwitzen lassen. Langsam nach und nach etwas heiße Spargelbrühe dazugeben und glattrühren.
4. Sobald die Spargelsuppe die richtige Konsistenz erreicht hat, werden die Spargelabschnitte sowie die Spargelköpfe darin erwärmt.
5. Die Sahne mit dem Eigelb und 2 EL Suppe mischen und in die heiße, aber nicht mehr kochende Suppe rühren. Zum Schluß mit den Schnittlauchröllchen bestreuen.

DER GUTE TIP

Der Spargel kann auch völlig in der Suppe püriert werden. Servieren Sie die Spargelsuppe in Suppentassen, und geben Sie statt der sauren Sahne und dem Eigelb zum Schluß in jede Tasse einen Klecks süße geschlagene Sahne.

Gurkensuppe mit Lauch und Hirse

für 2 Personen

40 g Hirse
½ l Gemüsebrühe
½ Salatgurke
1 Stange Lauch
Muskatnuß
3 EL süße Sahne
2 EL Schnittlauchröllchen

1. Die Hirse mit heißem Wasser waschen, anschließend in einen Kochtopf geben und die Gemüsebrühe dazugießen. Alles etwa 15 Minuten bei nur geringer Hitzezufuhr köcheln lassen.
2. In der Zwischenzeit die Gurke schälen, halbieren und die Kerne entfernen, den Lauch putzen und kleinschneiden. Beides zur Hirse geben und im geschlossenen Topf weitere 10 Minuten garen.
3. Die Suppe nach Belieben mit dem Schneidstab pürieren, mit etwas frischgeriebener Muskatnuß würzen und mit der Sahne verfeinern. Zuletzt den Schnittlauch darüberstreuen.
(auf dem Foto Seite 115: links)

Dreikornsuppe mit Gemüse

für 2 Personen

1 kleine Zwiebel
1 Knoblauchzehe
1 TL Butter
2 Bund Suppengrün
je 2 EL Quinoa, Hirse, Grünkernschrot
1 EL gekörnte Brühe (Frugola)
2 EL süße Sahne
2 EL gehackte Petersilie

1. Die Zwiebel und die Knoblauchzehe schälen, beide in feine Würfel schneiden und dann in der Butter glasig dünsten.
2. Das Suppengrün putzen, waschen und kleinschneiden. Das Gemüse zu der Zwiebel-Knoblauch-Mischung geben und das Getreide unter Rühren hinzufügen.
3. Nun ½ l Wasser dazugießen und das Ganze mit der gekörnten Brühe abschmecken. Die Suppe im geschlossenen Topf etwa 20 Minuten köcheln und dann 10 Minuten quellen lassen.
4. Die Suppe mit der Sahne verfeinern, eventuell nochmals kurz erhitzen und dann mit der Petersilie bestreuen.
(auf dem Foto: rechts)

Matjes mit Kartoffelsalat

für 2 Personen

Salat:

400 festkochende Kartoffeln
1 Eigelb
4 EL Gemüsebrühe
1 Bund Radieschen
1 Bund Frühlingszwiebeln
½ rote Paprikaschote
2 Tomaten

Sauce:

200 g Sahnedickmilch
2 TL vergorenes Molkekonzentrat (Molkosan)
2 TL Maiskeimöl
Meersalz
1 Bund Schnittlauch
4 EL gehackter Dill

außerdem:

4 Majesfilets
2 Petersilienzweige
1 rote Zwiebel

1. Die Kartoffeln am Vortag als Pellkartoffeln garen, schälen und in Scheiben schneiden. Danach mit dem Eigelb und der Brühe mischen.
2. Die Radieschen und die Frühlingszwiebeln putzen, waschen und in feine Scheiben schneiden.
3. Die Paprikakerne und die Stielansätze der Tomaten entfernen. Das Fruchtfleisch in feine Streifen oder Spalten schneiden. Alle vorbereiteten Zutaten in eine Schüssel geben.
4. Die Sahnedickmilch mit dem Molkekonzentrat, dem Öl und etwas Salz verrühren.
5. Den Schnittlauch in Röllchen schneiden und zusammen mit dem Dill zur Sahnedickmilch geben. Die Sauce unter die Salatzutaten mischen.
6. Den Salat zusammen mit den Matjesfilets anrichten und alles mit Petersilie und der geschälten, in Ringe geschnittenen roten Zwiebel garnieren.
(auf dem Foto oben)

Heringssalat

für 2 Personen

Salat:

- *1 kleine rote Bete*
- *4 etwa gleich große Kartoffeln*
- *1 Zwiebel*
- *1 kleine Salzgurke*
- *1 mürber Apfel*
- *8 Walnußkerne*
- *4 Matjesfilets*

Sauce:

- *125 g saure Sahne*
- *100 g Sahnedickmilch*
- *1 EL Sonnenblumenöl*
- *1 EL vergorenes Molkekonzentrat (Molkosan)*
- *1 EL Frutilose*
- *2 EL gehackte Petersilie*

1. Die rote Bete und die Kartoffeln gut abbürsten und in wenig Wasser in 20 bis 25 Minuten garen. Beides abkühlen lassen, pellen und dann in kleine Würfel schneiden.

2. Die Zwiebel schälen und fein würfeln. Die Salzgurke ebenfalls fein schneiden. Den Apfel schälen, vierteln, das Kerngehäuse entfernen und das Fruchtfleisch in schmale Spalten schneiden.

3. Die Nüsse grob hacken und die Matjesfilets in feine Streifen schneiden. Alle vorbereiteten Zutaten mischen.

4. Die saure Sahne, die Sahnedickmilch, das Sonnenblumenöl, das Molkekonzentrat und die Frutilose verrühren, unter den Heringssalat mischen und die Petersilie darüberstreuen. Den Salat gut durchziehen lassen.
(auf dem Foto oben)

Gemüsesalat mit Schafskäse

für 2 Personen

1 Kohlrabi
2 Möhren
150 g grüne Bohnen
¼ l Gemüsebrühe
2 Tomaten
½ Salatgurke
100 g Maiskörner

Sauce:
125 g Sahnedickmilch
1 EL vergorenes Molkekonzentrat (Molkosan)
1 EL Olivenöl

außerdem:
125 g Schafskäse

1. Den Kohlrabi schälen, die Möhren putzen und beides in kleine Würfel schneiden. Die Bohnen abfädeln und in etwa 4 cm lange Stücke brechen.
2. Das Gemüse in einen Topf geben, die Brühe angießen und alles bei mittlerer Hitzezufuhr 18 Minuten garen. Dann aus der Brühe nehmen und abkühlen lassen.
3. In der Zwischenzeit die Stielansätze der Tomaten entfernen und das Fruchtfleisch fein würfeln.
4. Die halbe Gurke schälen, der Länge nach vierteln und in kleine Stücke schneiden.
5. Das abgekühlte Gemüse mit den Tomaten- und den Gurkenstücken mischen und zuletzt den Mais dazugeben.
6. Aus der Sahnedickmilch, dem Molkekonzentrat, dem Öl und ein wenig Gemüsebrühe eine Sauce verrühren und über den Gemüsesalat gießen. Alles gut mischen und den Schafskäse darüberbröckeln.
(auf dem Foto oben)

Spaghetti mit Knoblauchsauce

für 2 Personen

200 g Vollkornspaghetti
Meersalz, 4 Knoblauchzehen
125 g süße Sahne
1 TL gehackter Salbei

1. Die Spaghetti in reichlich leicht gesalzenem Wasser 12 bis 15 Minuten bißfest garen.
2. In der Zwischenzeit den Knoblauch schälen, durch eine Presse in die Sahne drücken und das Ganze mit dem Salz abschmecken.

3. Die Nudeln abgießen und mit der Sahnesauce mischen. Den Salbei daruntermischen.
(auf dem Foto: rechts)

DER GUTE TIP

Verwenden Sie statt Salz am besten Vollmeersalz aus dem Reformhaus oder Naturkostladen. Kräutersalz enthält ungefähr 80 Prozent Salz. Trotzdem immer sparsam mit Salz umgehen, denn es bindet das Wasser im Körper.

Spaghetti mit Teufelssauce

für 2 Personen

Sauce:
400 g Tomaten
1 rote Paprikaschote
10 schwarze Oliven
1 EL Olivenöl
¼ TL Cayennepfeffer
½ TL Chilipulver
½ TL Rosmarinnadeln
1 TL Paprikapulver edelsüß
Kräutersalz
2 Knoblauchzehen
3 EL gehackte, glattblättrige Petersilie
2 EL süße Sahne

außerdem:
120 g Vollkornspaghetti
Meersalz

1. Die Stielansätze der Tomaten entfernen und das Fruchtfleisch in grobe Stücke schneiden.
2. Das Kerngehäuse der Paprikaschote entfernen, das Fruchtfleisch ebenfalls in Stücke schneiden und zusammen mit den Tomaten mit einem Schneidstab pürieren. Das Püree durch ein Sieb streichen.
3. Die Oliven entsteinen und das Fruchtfleisch hacken; 2 TL gehackte Oliven beiseite legen. Das Olivenöl daruntermischen und das Ganze in das Püree rühren. Mit den Gewürzen kräftig abschmecken und etwas Kräutersalz hinzugeben.
4. Die geschälten Knoblauchzehen durch eine Presse dazudrücken. Zum Schluß die gehackte Petersilie darunterrühren und die Sauce mit der Sahne verfeinern.
5. Die Spaghetti in leicht gesalzenem Wasser in 12 bis 15 Minuten bißfest garen, dann abgießen und zusammen mit der Sauce anrichten. Mit den zurückgelegten Olivenstückchen bestreuen.
(auf dem Foto: links)

Nudelsalat mit Champignons

für 2 Personen

Salat:

100 g Vollkornnudeln
250 g Steinpilzchampignons
1½ EL Butter
je 1 Msp. Oregano, Majoran, Thymian, Rosmarin
2 Tomaten
1 Peperoni
1 Zucchino

Sauce:

175 g Sahnedickmilch
2 TL vergorenes Molkekonzentrat (Molkosan)
1 Knoblauchzehe
Meersalz

außerdem:

6 schwarze Oliven
einige Basilikumblätter

1. Die Nudeln in leicht gesalzenem Wasser in 12 bis 15 Minuten bißfest garen.
2. Inzwischen die geputzten Pilze in feine Scheiben schneiden. Die Butter in einer Pfanne zerlassen und die Pilze bei starker Hitzezufuhr 5 Minuten braten.
3. Die Pilze mit den Gewürzen abschmecken und abkühlen lassen. Die Nudeln abgießen, abtropfen und ebenfalls abkühlen lassen.
4. Nun die Stielansätze der Tomaten entfernen und das Fruchtfleisch fein würfeln. Die Kerngehäuse des Peperonis entfernen und das Fruchtfleisch in feine Streifen schneiden. Den Zucchino waschen und ebenfalls in feine Streifen schneiden.
5. Für die Salatsauce die Sahnedickmilch mit dem Molkekonzentrat verrühren. Die geschälte Knoblauchzehe durch eine Presse dazudrücken und alles mit etwas Salz würzen.
6. Die Sauce mit allen vorbereiteten Salatzutaten mischen. Die entsteinten Oliven auf den Salat geben und mit den Basilikumblättern garnieren.

Nudeln auf Gemüse

für 1 Person

1 Zwiebel
1 Knoblauchzehe
1 EL Olivenöl
100 g Champignons
½ Aubergine (150 g küchenfertig)
½ rote Paprikaschote
1 Zucchino
Meersalz
60 g Vollkornspaghetti
1 Msp. Oregano
1 Msp. Cayennepfeffer
2 EL süße Sahne
2 EL gehacktes Basilikum

1. Die Zwiebel schälen und in feine Ringe schneiden. Den Knoblauch schälen und zerdrücken. Beides im Öl glasig dünsten.
2. Die geputzten Pilze in feine Scheiben schneiden. Die halbe Aubergine, die Paprikaschote und den Zucchino putzen und in Würfel schneiden.
Leicht gesalzenes Kochwasser für die Nudeln aufsetzen.
3. Die Pilze und das Gemüse zu den Zwiebeln geben und alles bei geringer Hitzezufuhr unter Rühren etwa 10 Minuten dünsten.
4. Die Spaghetti in 12 bis 15 Minuten bißfest garen.
5. Das Gemüse mit dem Oregano, dem Rosmarin und dem Cayennepfeffer kräftig abschmecken sowie bei Bedarf etwas Meersalz dazurühren. Mit der Sahne verfeinern und auf einen Teller geben.
6. Die Nudeln abgießen und auf dem Gemüse anrichten. Das Basilikum darüberstreuen.
(auf dem Foto: oben)

Vollkornspätzle mit Gemüsepotpourri

für 2 Personen

1 Zwiebel
2 Möhren
1 Stück Sellerie
100 g süße Sahne
2 Lorbeerblätter
Muskatnuß
Meersalz
3 EL Butter
2 gehäufte EL feines Weizenvollkornmehl
120 g Vollkornspätzle
1 rote Paprikaschote
4 EL Maiskörner

1. Die Zwiebel schälen, die Möhren und den Sellerie putzen und waschen, dann alles in feine Würfel schneiden.
2. Die Sahne zusammen mit 400 ml Wasser in einen Topf geben, das Gemüse, die Lorbeerblätter, eine Prise frischgeriebene Muskatnuß und etwas Meersalz hinzufügen und alles zum Kochen bringen.
3. Das Gemüse etwa 5 Minuten köcheln lassen. Den Topf dann vom Herd nehmen und das Gemüse abgedeckt etwa 30 Minuten durchziehen lassen. Inzwischen leicht gesalzenes Kochwasser für die Vollkornspätzle aufsetzen.

4. Die Gemüsemischung in ein Sieb geben und das Gemüsewasser in einer Schüssel auffangen. Das Gemüse beiseite stellen und die Lorbeerblätter entfernen.
5. Die Butter in einem kleinen Topf zerlassen, das Mehl hineinrühren und hell anschwitzen. Das heiße Gemüsewasser nach und nach angießen.
6. Die Sauce unter Rühren zum Kochen bringen und so lange köcheln lassen, bis sie bindet. Die Spätzle in 10 bis 12 Minuten bißfest garen.
7. Inzwischen das Kerngehäuse der Paprikaschote entfernen und das Fruchtfleisch in feine Würfel schneiden. Mit den Maiskörnern und den gegarten Gemüsewürfeln in die Sauce geben.
8. Die Spätzle abgießen und zusammen mit der Gemüsesauce anrichten.
(auf dem Foto: unten)

Champignonbrote

für 2 Personen

2 Zwiebeln
200 g Champignons
½ gelbe Paprikaschote
1 EL Olivenöl
1 TL Kräuter der Provence
Kräutersalz
4 Scheiben Vollkornbrot
2 EL Butter
80 g Butterkäse, 60% Fett i.Tr.
1 rote Paprikaschote

1. Die Zwiebeln schälen und in dünne Ringe, die geputzten Champignons in feine Scheiben schneiden.
2. Die Kerne und weißen Stege der Paprikaschote entfernen und das Fruchtfleisch in schmale Streifen schneiden.
3. Das vorbereitete Gemüse in dem Öl andünsten und mit den Kräutern der Provence und Kräutersalz würzen. Inzwischen den Backofen auf 180 Grad vorheizen (Gasherd: Stufe 2).
4. Die Brote dünn mit der Butter bestreichen und mit dem Gemüse belegen. Dann den Käse in feine Streifen schneiden, auf dem Gemüse verteilen und die Brote anschließend im Ofen etwa 8 Minuten überbacken.
5. Die rote Paprikaschote putzen, anschließend in Streifen schneiden und zu den Broten essen.
(auf dem Foto: unten)

Gefüllte Dinkelpfannkuchen

für 2 Personen

250 g feines Dinkelvollkornmehl
1 TL Meersalz
200 g milder, weicher Schafskäse
8 EL Olivenöl
4 TL Honig

1. Das Dinkelmehl nach und nach mit 150 ml Wasser und dem Meersalz zu einem geschmeidigen Teig verkneten, dann für etwa 15 Minuten ruhen lassen.
2. Den Teig danach in 4 gleich große Stücke schneiden und diese Stücke dann zu Kugeln formen.
3. In die Mitte jeder Kugel eine Vertiefung drücken und ein Viertel des Schafskäses hineingeben. Die Teigkugeln dann gut verschließen.
4. Die Kugeln zu flachen Fladen drücken, dabei darf aber die Füllung nicht herausquellen.
5. Pro Fladen 2 Eßlöffel Öl in einer Pfanne erhitzen und die Fladen unter Wenden darin knusprig braun ausbacken. Nach Belieben mit Honig bestreichen und heiß essen.
(auf dem Foto: oben)

DER GUTE TIP

Wenn Sie die Dinkelpfannkuchen herzhaft zubereiten möchten, geben Sie zum Schafskäse Knoblauch und Kräuter nach Belieben und lassen den Honig weg.

Sizilianisches Brötchen

für 1 Person

1 Vollkornbrötchen
1 Knoblauchzehe
1 TL Olivenöl
60 g Mozzarella
2 Basilikumblätter

1. Den Backofen auf 200 Grad vorheizen (Gasherd: Stufe 3). Das Brötchen quer halbieren. Den Knoblauch schälen, zerdrücken und die Schnittflächen mit dem Knoblauchmus und dem Olivenöl bestreichen.

2. Die Mozzarella in Scheiben schneiden, die Brötchenhälften damit belegen und 6 bis 8 Minuten überbacken, bis der Käse geschmolzen ist. Mit zerpflückten Basilikumblättern bestreuen.

DER GUTE TIP

Dazu schmeckt ein Tomatensalat mit Zwiebeln, Olivenöl, Molkosan und schwarzen Oliven.

Gefüllte Champignons

für 2 Personen

8 große Champignons
Kräutersalz
80 g Hirse
1 Zwiebel
1 Knoblauchzehe
2 EL Butter
1 kg Blattspinat
4 EL Pinienkerne
4 EL süße Sahne
150 g Butterkäse, 60% i.Tr.

1. Die Champignons putzen, die Stiele herausdrehen und fein hacken. Die Köpfe ganz lassen, mit wenig Kräutersalz würzen und beiseite stellen.

2. Die Hirse mit heißem Wasser waschen. Die Zwiebel und den Knoblauch schälen und fein würfeln. Die Hirse, die Zwiebeln und den Knoblauch in der Butter andünsten. Die gehackten Champignonstiele hinzufügen.

3. Alles etwa 5 Minuten schmoren lassen. Dann mit ½ l Wasser auffüllen und zugedeckt 20 bis 25 Minuten köcheln lassen, bis die Hirse weich ist.

4. In der Zwischenzeit den Blattspinat putzen, kurz in kochendem Wasser blanchieren, abtropfen lassen und grob schneiden.

5. Den Spinat zusammen mit den Pinienkernen zur Hirse geben und das Ganze mit gekörnter Brühe abschmecken. Die Sahne darunterrühren.

6. Den Backofen auf 200 Grad vorheizen (Gasherd: Stufe 3). Die Champignonköpfe mit einem Teil der Hirse-Spinat-Mischung füllen. Den Rest in eine Auflaufform geben und die gefüllten Champignonköpfe daraufsetzen.

7. Den Käse in dünne Scheiben schneiden, über die Champignons und das Gemüse verteilen und alles 15 Minuten im Ofen überbacken.

(auf dem Foto oben)

Safranreis mit Gemüse

für 2 Personen

100 g Naturrundkornreis
1 Zwiebel, 1½ EL Butter
400 ml Gemüsebrühe
2 Lorbeerblätter
200 g Maiskörner
200 g TK-Erbsen
2 Msp. Safran
1 Msp. Koriander
100 g süße Sahne
2 EL gehackte Petersilie
2 EL Mandelblättchen

1. Den Reis waschen und auf einem Küchentuch trocknen lassen.
2. Die Zwiebel schälen, fein würfeln und in der zuvor erhitzten Butter glasig dünsten.
3. Dann den abgetrockneten Reis hinzufügen, die Gemüsebrühe angießen, die Lorbeerblätter zugeben und alles im geschlossenen Topf etwa 20 Minuten köcheln lassen.
4. Den Mais und die Erbsen hinzufügen, alles zusammen weitere 5 Minuten köcheln lassen und dabei immer wieder auflockern. Anschließend die Lorbeerblätter entfernen.
5. Den Safran und den Koriander unter den Reis rühren und mit der Sahne mischen. Die Petersilie dazugeben und das Gericht mit den Mandelblättchen bestreuen.
(auf dem Foto: oben)

Mandelpuffer

für 1 Person

200 g Kartoffeln
1 Zwiebel
3 EL gehackte Mandeln
1 Eigelb
etwas gerebelter Majoran
Kräutersalz
2 EL Butter

1. Die Kartoffeln waschen und in der Schale etwa 12 Minuten vorgaren. Die Kartoffeln abkühlen lassen, pellen und grob raspeln.
2. Die Zwiebel schälen und in kleine Würfel schneiden. Die Mandeln zusammen mit dem Eigelb und den Zwiebelwürfeln unter die Kartoffeln mischen. Das Ganze mit dem Majoran und etwas Kräutersalz würzen.
3. Die Butter in einer beschichteten Pfanne schmelzen lassen. Die Kartoffelmasse zu flachen Plätzchen formen und auf beiden Seiten goldgelb braten.

Reissalat mit Sprossen

für 2 Personen

Reissalat:
100 g Naturreis
1 gelbe Paprikaschote
½ Salatgurke
3 Tomaten
125 g Champignons
2 EL Sonnenblumenkerne

Sauce:
175 g Sahnedickmilch
1 EL vergorenes Molke-konzentrat (Molkosan)
1 TL Honig
Kräutersalz
3 EL gehackte Kräuter (Dill, Basilikum, Petersilie, Schnittlauch, Kerbel)

außerdem:
5 EL Sojabohnensprossen (eventuell selbst gezogen)

1. Den Reis waschen und auf einem Küchentuch trocknen lassen. Anschließend den Reis mit Salzwasser bedecken und bei milder Hitzezufuhr im geschlossenen Topf in etwa 25 Minuten garen. Dann in ein Sieb geben und mit kaltem Wasser überbrausen; anschließend gut abtropfen lassen.
2. Die Paprikaschote putzen und in dünne Streifen schneiden.
3. Die halbe Gurke schälen, der Länge nach vierteln und in etwa 1 cm breite Stücke schneiden.
4. Die Stengelansätze der Tomaten entfernen und die Früchte achteln. Die geputzten Champignons in dünne Scheiben schneiden.
5. Das vorbereitete Gemüse mit dem Reis und den in einer Pfanne ohne Fett kurz gerösteten Sonnenblumenkernen mischen.
6. Die Sahnedickmilch mit dem Molkekonzentrat, dem Honig und etwas Kräutersalz verrühren.
7. Die Kräuter daruntermischen und die Sauce zu den Salatzutaten geben. Alles gut mischen und den Salat mit den Sojabohnensprossen bestreuen. (Wie Sie die Sojabohnensprossen selber ziehen können, steht in diesem Buch auf Seite 26/27)
(auf dem Foto: unten)

Feine Reispfanne

für 1 Person

50 g Naturreis
¼ l Gemüsebrühe
3 Lorbeerblätter, 1 Möhre
2 EL ungeschwefelte Rosinen
2 EL Apfelsaft
1 Zwiebel
1 Knoblauchzehe
1 EL Sojaöl
je 1 Msp. Kurkuma, Kardamom, Curry, Nelkenpulver, Zimt, Safran
etwas abgeriebene Schale einer unbehandelten Zitrone
1 EL Pistazienkerne
etwas Koriandergrün

1. Den Reis waschen und auf einem Küchentuch trocknen lassen.
2. Den gut getrockneten Reis mit der Gemüsebrühe und den Lorbeerblättern zum Kochen bringen. Die Möhre putzen. Dann längs in dünne Scheiben, danach in dünne Stifte schneiden. Nach 10 Minuten zum kochenden Reis geben.
3. Die Rosinen mindestens 30 Minuten in dem Apfelsaft quellen lassen.
4. Die Zwiebel und die Knoblauchzehe schälen und fein hacken. In dem Sojaöl in einer Pfanne glasig schwitzen. Den fertig gekochten Reis abgießen und in die Pfanne geben, mischen. Mit den Gewürzen abschmecken. Die Rosinen, etwas Zitronenschale sowie die Pistazienkerne dazugeben und vermengen.
5. Vor dem Servieren die Reispfanne mit gewaschenen und fein gehacktem Koriandergrün bestreuen.

Tomatenreis

für 1 Person

50 g Vollkornreis
¼ l Gemüsebrühe
100 g Champignons
2 Zwiebeln
2 Knoblauchzehen
2 EL grobgehackte Petersilie
1 EL Olivenöl
1 EL Butter
500 g Tomaten
Meersalz
1 TL frische Thymianblättchen
Cayennepfeffer

1. Den Reis waschen und auf einem Küchentuch trocknen lassen. Danach in die kochende Gemüsebrühe geben und anschließend bei schwacher Hitze etwa 25 Minuten garen.
2. Die Champignons putzen und je nach Größe halbieren oder vierteln. Zum Reis geben und die letzten 5 Minuten mitkochen. Den Reis mit den Pilzen abgießen.
3. Die Zwiebeln und die Knoblauchzehen schälen und fein hacken. Mit der Petersilie in dem heißen Öl-Butter-Gemisch glasig dünsten. Danach mit dem heißen Champignonreis mischen.
4. Von den Tomaten die Stielansätze entfernen. Die Tomaten kurz in heißes Wasser tauchen, enthäuten und die Kerne entfernen. Das Fruchtfleisch würfeln, mit dem Meersalz, den Thymianblättchen und einer Prise Cayennepfeffer pikant abschmecken.
5. Den heißen Reis in einen Suppenteller geben, mit einem Löffel in die Mitte eine Mulde drücken und die Tomaten hineingeben.

Ungarischer Paprikareis

für 2 Personen

100 g Naturreis
½ l Gemüsebrühe
1 Möhre
600 g rote, gelbe und grüne Paprikaschoten
2 Zwiebeln
1 EL Olivenöl
¼ l Wasser
1 Knoblauchzehe
1 Msp. Cayennepfeffer
½ TL Rosenpaprika
½ TL Paprika, edelsüß
1 TL gekörnte Brühe (Frugola)
1 EL süße Sahne

1. Den Reis waschen und in der Gemüsebrühe 25 Minuten bei milder Hitze ausquellen lassen.
2. In der Zwischenzeit das Gemüse putzen und zerkleinern.
3. Das Olivenöl in einem Topf erhitzen und das Gemüse hinzufügen. Mit dem Wasser auffüllen und zugedeckt bei schwacher Hitze 15 bis 18 Minuten köcheln lassen.
4. Mit den Gewürzen und der gekörnten Brühe würzen.
5. Den gekochten Reis gut abtropfen lassen und mit dem Paprikagemüse und der Sahne mischen.

Feines Gemüse auf Reis

für 2 Personen

100 g Naturreis
½ l Gemüsebrühe
6 Schwarzwurzeln
1 Schuß Essig
2 Möhren
2 EL Butter
150 g kleine Champignons
150 g TK-Erbsen
¼ l Gemüsebrühe
nach Belieben Biobin (pflanzliches Bindemittel)
50 g süße Sahne
1 Eigelb
3 EL gehackte Petersilie

1. Den Reis waschen und auf einem Küchentuch abtrocknen lassen.
2. Die Gemüsebrühe erhitzen, den Reis dazugeben und im geschlossenen Topf etwa 25 Minuten bei milder Hitzezufuhr garen.
3. In der Zwischenzeit die gewaschenen Schwarzwurzeln schälen oder schaben (dabei unbedingt Gummihandschuhe anziehen!). Die Schwarzwurzeln anschließend in Stücke schneiden und sofort in kaltes Essigwasser (ungefähr ½ l Wasser mit einem guten Schuß Essig mischen) geben, damit sie sich nicht verfärben.
4. Die Möhren schälen, in Scheiben schneiden und in der zerlassenen Butter andünsten. Die Champignons, die Erbsen und die Schwarzwurzeln hinzufügen.
5. Die Gemüsebrühe angießen und das Gemüse 15 bis 20 Minuten lang köcheln lassen.
6. Nach Belieben das pflanzliche Bindemittel in das Gemüse rühren, alles kurz aufkochen lassen.
7. Die Sahne mit dem Eigelb verquirlen und in das Gemüse rühren. Es darf nicht mehr kochen. Das Gemüse auf dem Reis anrichten und die Petersilie darüberstreuen.
(auf dem Foto oben)

DER GUTE TIP

Keinen Grünkohl, keine Schwarzwurzeln oder Bananen mit eiweißhaltiger Nahrung verzehren.

Sellerie-Apfel-Salat mit Quarkbratlingen

für 1 Person

Salat:

1 Sellerieknolle (400 g)
1 kleiner, mürber Apfel
50 ml Brottrunk
2 EL saure Sahne
1 EL Sonnenblumenöl
1 EL Apfeldicksaft
Meersalz
1 Zwiebel
2 EL feingehackte Petersilie

Bratlinge:

50 g Magerquark
1 Eigelb, ½ TL Kräutersalz
Muskatnuß
abgeriebene Schale einer unbehandelten Zitrone
2 EL gemahlene Mandeln
1 Bund glatte Petersilie
100 g Sellerieraspel (Rest vom Salat)
2 TL Vollkornsemmelbrösel

außerdem:

2 EL Sonnenblumenöl

1. Die Sellerieknolle waschen und grob raspeln, 100 g für die Bratlinge beiseite legen. Die anderen Sellerieraspel in ein Sieb geben, langsam mit 1 l kochendem Wasser übergießen, abtropfen lassen. Den Apfel dazu raspeln.
2. Aus dem Brottrunk, der sauren Sahne, dem Sonnenblumenöl, dem Apfeldicksaft und etwas Salz eine pikante Sauce rühren.
3. Die Zwiebel schälen, fein würfeln und zu der Sauce geben. Alles miteinander verrühren und über den geraspelten Sellerie-Apfel-Salat gießen, gründlich miteinander mischen und mit der gehackten Petersilie bestreuen. Gut durchziehen lassen.
4. Für die Bratlinge den Quark gut abtropfen lassen und mit dem Eigelb verrühren. Mit dem Kräutersalz, etwas frischgeriebener Muskatnuß und der abgeriebenen Zitronenschale pikant würzen. Anschließend die gemahlenen Mandeln unter die gewürzte Quarkmasse rühren.
5. Die Petersilie waschen, fein hacken und zusammen mit den restlichen Sellerieraspeln unter den Teig mengen.
6. Aus der Masse zwei Bratlinge formen und in den Semmelbröseln wälzen.
7. Das Öl in einer beschichteten Pfanne erhitzen und die Bratlinge zugedeckt bei milder Hitze goldbraun braten. Zwischendurch wenden.
8. Den Salat auf einen Teller geben und die Bratlinge dazulegen.
(auf dem Foto oben)

Pilzpfanne mit Reis

für 2 Personen

100 g Naturreis
½ l Gemüsebrühe
400 g gemischte Pilze (Austernpilze, Steinpilzchampignons, Pfifferlinge, Shiitake)
1 Zwiebel
1 Knoblauchzehe
1½ EL Butter
2 EL feines Dinkelvollkornmehl
¼ l Gemüsebrühe
3 EL saure Sahne
2 EL gemischte Kräuter

1. Den Reis in der Gemüsebrühe etwa 25 Minuten bei geringer Hitzezufuhr garen.
2. Inzwischen die Pilze putzen und zerkleinern. Die Zwiebel und die Knoblauchzehe schälen und fein würfeln.
3. Die Butter in einer Pfanne zerlassen und die Zwiebel- und Knoblauchwürfel darin glasig dünsten.
4. Die Pilze hinzufügen, mit dem Dinkelvollkornmehl bestäuben und die Gemüsebrühe unter Rühren dazugießen. Das Ganze in der geschlossenen Pfanne 15 bis 20 Minuten lang köcheln lassen.
5. Das Pilzgemüse danach mit der Sahne verfeinern und zusammen mit dem Reis anrichten. Die Kräuter darüberstreuen.
(auf dem Foto: rechts)

Gemüse mit Gerstengrütze

für 2 Personen

50 g Gerstengrütze
375 ml Gemüsebrühe
3 Möhren
150 g Zucchini
200 g Austernpilze
100 g Zuckerschoten
1 Gemüsezwiebel
2 EL Butter
Curry
Senfpulver
Nelkenpulver
4 EL süße Sahne
1 Eigelb
3 EL gemischte Kräuter

1. Die Gerstengrütze in 250 ml Gemüsebrühe zum Kochen bringen und auf kleiner Flamme etwa 20 Minuten quellen lassen.
2. Die Möhren putzen und in dünne Scheiben schneiden. Den Stielansatz der Zucchini abschneiden, die Austernpilze, wenn nötig, putzen.
3. Die Zucchini in Scheiben schneiden und die Austernpilze in grobe Stücke teilen. Die Zuckerschoten putzen. Die Gemüsezwiebel schälen und fein würfeln.
4. Die Butter in einer Pfanne zerlassen und die Möhrenscheiben darin bei mittlerer Hitzezufuhr andünsten. Das übrige vorbereitete Gemüse dazugeben und alles 8 bis 10 Minuten schmoren lassen.
5. Die Gemüsepfanne mit der restlichen Brühe aufgießen und mit den Gewürzen abschmecken. Die Sahne mit dem Eigelb verquirlen. Die Sahnesauce in das Gemüse rühren, alles kurz aufkochen lassen, mit der Gerstengrütze mischen und mit den Kräutern bestreuen.
(auf dem Foto: links)

DER GUTE TIP

Nicht vergessen: Vor jeder Hauptmahlzeit frische Salate, Rohkost oder Obst essen.

Gemüse-Vollkornpizza

für 2 Personen

Teig:

- *25 g frische Hefe*
- *200 g feines Roggenvollkornmehl*
- *½ TL Kräuter der Provence*
- *½ TL Meersalz*
- *1 EL Olivenöl*

Belag:

- *1 grüne Paprikaschote*
- *1 rote Paprikaschote*
- *1 kleine Fenchelknolle*
- *1 kleine Stange Lauch*
- *1 Gemüsezwiebel*
- *100 g Champignons*
- *1 EL Olivenöl*
- *Kräutersalz*
- *1 TL gerebelter Oregano*
- *1 Knoblauchzehe*
- *60 g Käse (Rahmgouda oder Mozzarella)*
- *3 EL gemischte, gehackte Kräuter (Majoran, Basilikum, Thymian, Petersilie)*

1. Für den Teig die Hefe in 130 ml warmem Wasser auflösen, mit der Hälfte des Vollkornmehls zu einem Vorteig verrühren und etwa 20 Minuten an einem warmen Ort gehen lassen.
2. Anschließend das restliche Mehl, die Kräuter der Provence, das Meersalz und das Olivenöl hinzufügen und alles zu einem geschmeidigen Teig verkneten.
3. Eine Pizzaform (28 cm ø) mit Backpapier auslegen, den Teig ausrollen, die Form damit auslegen und mit einer Gabel mehrmals einstechen. Den Teigboden anschließend nochmals zugedeckt an einem warmen Ort so lange gehen lassen, bis er etwa doppelt so dick ist (ca. 40 Minuten lang).
4. Inzwischen für den Belag die Paprikaschoten, den Fenchel, den Lauch, die Zwiebel und die Champignons putzen und alles in feine Streifen beziehungsweise in dünne Scheiben schneiden.
5. Das Gemüse in dem Olivenöl andünsten und mit etwas Kräutersalz und dem Oregano abschmecken. Die geschälte Knoblauchzehe durch eine Presse dazudrücken.
6. Den Backofen auf 200 Grad vorheizen (Gasherd: Stufe 3). Das Gemüse auf dem Teig verteilen.
7. Die Pizza in den Backofen auf den Boden stellen und die Pizza etwa 20 bis 25 Minuten backen.
8. Den Käse in Streifen schneiden, mit den Kräutern mischen, alles auf der Pizza verteilen und weitere 5 Minuten backen, bis der Käse goldgelb ist.
9. Die Pizza in 8 Stücke teilen und nach Belieben einen kleinen, neutralen Salat dazu essen.
(auf dem Foto oben)

Zwiebelwähe

für 4 Personen

Teig:
25 g frische Hefe
200 g feines Weizenvollkornmehl
½ TL Meersalz
½ TL Rosenpaprika
1 EL Sonnenblumenöl
etwas Butter für die Springform

Belag:
1 kg Gemüsezwiebeln
1 Knoblauchzehe
1 EL Butter, 100 g süße Sahne
2 Eigelb
100 g Rahmgouda
½ TL geriebene Muskatnuß
1 Msp. Cayennepfeffer
½ TL Kräutersalz
1 TL Kümmel

1. Für den Teig die Hefe in 130 ml warmem Wasser auflösen und mit der Hälfte des Vollkornmehls zu einem Vorteig verrühren. Anschließend etwa 20 Minuten zugedeckt an einem warmen Ort gehen lassen.
2. Das restliche Mehl, das Meersalz, das Paprikapulver und das Öl hinzufügen und alles zu einem geschmeidigen Teig verkneten. Den Teig zugedeckt an einem warmen Ort so lange gehen lassen, bis sich sein Volumen verdoppelt hat (dies dauert in der Regel etwa 40 Minuten).
3. In der Zwischenzeit für den Belag die Zwiebeln und die Knoblauchzehe schälen, dann in feine Ringe beziehungsweise Würfel schneiden. Die Butter in einer Pfanne erhitzen und die Zwiebelringe und Knoblauchwürfel darin glasig dünsten.
4. Die Sahne mit 50 ml Wasser mischen und mit den beiden Eigelben gut verquirlen.
5. Den Käse in kleine Würfel schneiden und zu der Sahne-Ei-Mischung geben. Mit Muskatnuß, Cayennepfeffer, Kräutersalz und Kümmel würzen.
6. Die Sahnesauce zu den Zwiebeln gießen und alles gut verrühren.
7. Den Backofen auf 180 Grad vorheizen (Gasherd: Stufe 2). Den Teig nochmals kurz durchkneten, eine mit Butter gefettete Springform (26 cm ø) damit auslegen und den Teig am Rand etwas hochdrücken.
8. Die Zwiebelmischung gleichmäßig auf dem Teigboden verteilen, die Springform in den Ofen stellen und die Zwiebelwähe etwa 35 Minuten backen.
(auf dem Foto oben)

Weinkraut mit Grünkernknödeln

für 2 Personen

Knödel:

1 Zwiebel
1 ½ EL Butter
160 g mittelfeines Grünkernschrot
½ TL gekörnte Brühe
1 TL gehacktes Selleriegrün oder Schnittlauch
1 Knoblauchzehe
3 EL gehackte Petersilie
2 EL Kürbiskerne
1 Eigelb

Weinkraut:

1 kleine Zwiebel
1 EL Kürbiskernöl
600 g Weinkraut
1 EL pflanzlicher, schmalzähnlicher Brotaufstrich (im Reformhaus oder in Naturkostläden unter der Bezeichnung „Holstener Liesl" erhältlich)
5 Wacholderbeeren
1 TL Kümmel, 2 Lorbeerblätter
2 EL Speisestärke

1. Für die Knödel die Zwiebel schälen, sehr fein würfeln und in der Butter glasig dünsten.
2. Das Grünkernschrot darüberstreuen, alles rasch miteinander verrühren und ¼ l Wasser angießen. Das Ganze unter Rühren bei geringer Hitzezufuhr aufkochen lassen. Mit der gekörnten Brühe und dem Selleriegrün mischen, den geschälten Knoblauch durch die Presse dazudrücken.
3. Dann die Petersilie zusammen mit den Kürbiskernen und dem Eigelb unter den Grünkernteig mischen und ihn unter Rühren so lange erwärmen, bis ein dicker, fester Brei entstanden ist. Den Topf vom Herd nehmen und die Grünkernmasse 1 Stunde quellen lassen.
4. Inzwischen das Weinkraut zubereiten. Dafür die Zwiebel schälen, fein würfeln und in dem Öl glasig dünsten.
5. Das Weinkraut kleinschneiden, zu der Zwiebel geben und leicht mit andünsten.
6. Das „Schmalz" im Kraut schmelzen lassen und etwas Wasser angießen. Die zerdrückten Wacholderbeeren, den Kümmel und die Lorbeerblätter hinzufügen. Das Kraut zugedeckt etwa 20 Minuten lang köcheln lassen.
7. Inzwischen 2 l leicht gesalzenes Wasser zum Kochen bringen. Die Speisestärke mit wenig Wasser glattrühren und in das siedende Wasser geben.
8. Aus der Grünkernmasse mit angefeuchteten Händen kleine Knödel formen und in dem Wasser im offenen Topf in etwa 15 Minuten garziehen lassen.
9. Vor dem Servieren die Lorbeerblätter aus dem Kraut entfernen und es zusammen mit den Knödeln anrichten.

Hirsotto

für 1 Person

40 g Hirse
1 TL Butter
1 Zwiebel
¼ l Gemüsebrühe
1 Möhre
½ kleine Sellerieknolle
1 Stange Lauch
100 g Champignons
1 rote Paprikaschote
1 EL TK-Erbsen
1 EL gehackte Mandeln
je ¼ TL Liebstöckel, Rosmarin und Majoran
2 EL süße Sahne
1 EL feingehackte Petersilie

1. Die Hirse waschen und in der Butter mit der geschälten und kleingehackten Zwiebel kurz andünsten.
2. Mit der Gemüsebrühe auffüllen.
3. Die Möhre und den Sellerie in kleine Würfel schneiden, den geputzten Lauch und die Champignons in dünne Ringe beziehungsweise Scheiben schneiden, dann alles Gemüse zu der Hirse geben.
4. Die halbierte und geputzte Paprikaschote in feine Streifen schneiden.
5. Zusammen mit den Erbsen und den Mandeln zu dem Hirsotto geben. 20 bis 25 Minuten bei kleiner Flamme garen.
6. Mit den Kräutern abschmecken, mit der süßen Sahne verfeinern und das Hirsotto mit der Petersilie bestreut servieren.

Apfelküchle

für 1 Person

1 mittelgroßer mürber Apfel
1 EL Honig
3 EL heißes Wasser
2 EL ungeschwefelte Rosinen
½ TL Zimt
50 g feines Weizenvollkornmehl
1 TL Weinsteinbackpulver
100 ml Wasser
2 EL süße Sahne
Meersalz
1 Eigelb
2 EL Butter

1. Den Apfel schälen und mit dem Apfelausstecher das Kerngehäuse herausstechen. Den Apfel in Ringe schneiden.
2. Den Honig mit dem heißen Wasser verrühren. Die gewaschenen, abgetrockneten Rosinen und den Zimt hinzufügen und alles zusammen etwa 20 Minuten ziehen lassen.
3. Inzwischen das Weizenvollkornmehl, das Backpulver, das Wasser, die süße Sahne, etwas Meersalz und Eigelb zu einem dickflüssigen Teig verrühren.
4. Die Rosinen zusammen mit dem Einweichwasser unter den Teig heben.
5. Etwas Butter in einer beschichteten Pfanne schmelzen lassen. Die Apfelringe nacheinander durch den Teig ziehen und nacheinander in der heißen Butter beidseitig braten.
(auf dem Foto: links)

Bananencurry mit Reis

für 1 Person

Reis:

50 g Naturreis
375 ml Gemüsebrühe

Bananensauce:

1 gehäufter EL Kokosraspeln
1 EL Butter
1 kleine, reife Banane
1 TL Currypulver
1 Msp. Safran
1 Msp. Kurkuma
1 EL ungeschwefelte Rosinen
2 EL süße Sahne

1. Den Reis gründlich waschen und anschließend auf einem Küchenhandtuch abtrocknen lassen.
2. Den Reis dann bei schwacher Hitze 20 bis 25 Minuten in 250 ml erhitzter Gemüsebrühe garen.
3. Währenddessen die Kokosraspeln in der Butter goldbraun rösten. Die Banane schälen, in Scheiben schneiden und zu den Kokosraspeln geben. Die restliche Gemüsebrühe angießen und die Kokos-Bananen-Mischung aufkochen lassen.
4. Das Currypulver, Safran, Kurkuma und die gewaschenen und abgetrockneten Rosinen dazugeben, dann die süße Sahne unter die Kokos-Bananen-Mischung rühren.
5. Den Reis abgießen, abtropfen lassen, auf einen Teller geben und die Bananensauce darübergießen.
(auf dem Foto: rechts)

Gefüllte Zucchini

für 2 Personen

50 g Quinoa
200 ml Gemüsebrühe
2 mittelgroße Zucchini
1 EL Olivenöl
2 Knoblauchzehen
½ TL Kräutersalz
2 EL gehackte Kräuter
1 Zwiebel
1 TL Butter
½ rote Paprikaschote
1 kleine Möhre
100 g frische Champignons
1 TL Majoran
1 TL Rosenpaprika
1 EL saure Sahne
30 g Käse, 60% Fett i.Tr., in Streifen geschnitten
etwas Butter zum Ausfetten der Form

1. Das Quinoa in die kochende Gemüsebrühe rühren und bei schwacher Hitze 25 bis 30 Minuten garen lassen.
2. Die Zucchini waschen, der Länge nach halbieren und aushöhlen. (Das entfernte Fruchtfleisch benötigen Sie jetzt nicht, können es aber gut für einen Rohkostsalat verwenden.)
3. Aus dem Olivenöl, dem geschälten und gehackten Knoblauch, dem Kräutersalz und den gehackten Kräutern eine Paste rühren und die ausgehöhlten Zucchini damit bestreichen.
4. Anschließend die Zwiebel schälen, klein würfeln und in der Butter glasig dünsten.
5. Die halbe Paprikaschote putzen und in sehr feine Streifen schneiden. Die Möhre putzen und fein raspeln. Die Pilze säubern und in Scheiben schneiden. Anschließend den Backofen auf 200 Grad vorheizen (Gasherd: Stufe 3).
6. Die Paprikastreifen, die Möhren und die Pilze zu den Zwiebeln geben und 8 Minuten mitdünsten. Danach das Quinoa unter das Gemüse rühren.
7. Mit dem Majoran sowie dem Rosenpaprika würzen und mit der sauren Sahne verfeinern.
8. Die Gemüse-Quinoa-Mischung in die Zucchini füllen und mit den Käsestreifen belegen.
9. Eine Auflaufform einfetten und die gefüllten Zucchini hineinsetzen. Mit Alufolie abdecken und etwa 40 Minuten im heißen Ofen backen.
(auf dem Foto oben)

DER GUTE TIP

Statt der Zucchini können Sie auf die gleiche Art auch Auberginen (kleine Früchte) füllen.

Kartoffelauflauf

für 2 Personen

400 g festkochende Kartoffeln
Fett für die Form
4 EL süße Sahne
80 g Gorgonzola
⅛ l Gemüsebrühe
1 Msp. Cayennepfeffer
1 TL gehackter Majoran

1. Die Kartoffeln waschen, schälen und in gleich dicke Scheiben schneiden. Eine ofenfeste Form einfetten.
2. Die Kartoffelscheiben dachziegelartig in die Gratinform schichten. Den Backofen anschließend auf 180 Grad vorheizen (Gasherd: Stufe 2).
3. Die süße Sahne mit 2 EL Wasser mischen. Den Käse in kleine Würfel schneiden und hineingeben.
4. Das Ganze mit der Gemüsebrühe und dem Cayennepfeffer mischen und über die Kartoffeln gießen.
5. Den Majoran darüberstreuen. Die Form mit Alufolie abdecken. Im heißen Ofen 60 Minuten überbacken, bis sich eine goldgelbe Kruste gebildet hat.
(auf dem Foto: oben)

Sechskornbratlinge mit Knoblauchsauce

für 2 Personen

Bratlinge:

100 g Sechskornflocken
1 Zwiebel
1 TL Butter
150 ml Gemüsebrühe
Kräutersalz
1 TL Paprikapulver edelsüß
2 EL gehackte Petersilie
30 g Gorgonzola
1 EL Vollkornsemmelbrösel
2 EL Olivenöl

Sauce:

1 Becher Sahnedickmilch
2 Knoblauchzehen
2 EL feingeriebene Salatgurke
Kräutersalz
1 EL gehackter Dill

1. Die Sechskornflocken mit 6 EL Wasser beträufeln.
2. Die Zwiebel schälen, sehr fein würfeln und in der Butter glasig dünsten.
3. Die Sechskornflocken dazugeben und die Gemüsebrühe angießen. Das Ganze unter Ruhren so lange kochen lassen, bis ein dicker Brei entsteht.
4. Den Brei mit etwas Kräutersalz, dem Paprikapulver und der Petersilie verrühren, gut durchkneten und für einige Minuten durchziehen lassen.
5. Inzwischen die Knoblauchsauce zubereiten. Dafür zuerst die Sahnedickmilch mit einem Schneebesen glattrühren.
6. Die geschälten Knoblauchzehen durch eine Presse zur Dickmilch drücken und die Gurke unterheben. Die Sauce mit Kräutersalz würzen und mit dem Dill verrühren.
7. Nun aus dem Getreidebrei mit angefeuchteten Händen zwei Bratlinge formen, jeweils die Hälfte des Gorgonzolas in die Mitte drücken und mit Getreidebrei verdecken.
8. Die Bratlinge in den Semmelbröseln wenden und in dem heißen Öl knusprig braten.
(auf dem Foto: unten)

Wirsing-pfannkuchen

für 2 Personen

1 Wirsing (etwa 500 g)
1 TL Meersalz
1 EL Grünkernmehl
2 EL süße Sahne
1 Eigelb
1 EL geriebener Rahmgouda
½ TL Majoran
½ TL Rosenpaprika
½ TL Kümmel
etwas frischgeriebene Muskatnuß
1 Bund Schnittlauch
2 EL Butter
1 EL Olivenöl

1. Den Wirsing waschen, in vier Teile schneiden, den harten Strunk und die äußeren Blätter entfernen und den Kohl sehr fein raspeln. Mit dem Meersalz bestreuen.
2. Danach das Grünkernmehl, die süße Sahne, das Eigelb und den Käse mit dem Kohl mischen.
3. Die Kohlmischung mit den Gewürzen abschmekken, den Schnittlauch in feine Röllchen schneiden und unterrühren.
4. Das Öl-Butter-Gemisch in einer beschichteten Pfanne erhitzen und die gesamte Kohlmischung hineingeben. Von der einen Seite kurz anbacken und anschließend wenden. Zugedeckt bei kleiner Flamme etwa 20 Minuten dämpfen.

Rosenkohl mit Mandelsahne

für 1 Person

350 g Rosenkohl
½ l Gemüsebrühe
etwas Meersalz
1 EL Butter
2 EL feines Dinkelvollkornmehl
2 EL süße Sahne
1 Msp. Cayennepfeffer
Muskatnuß
1 EL Mandelblättchen

1. Vom Rosenkohl die äußeren harten Blätter entfernen, die Strünke abschneiden und die Schnittflächen an den Röschen kreuzweise einritzen. Den Kohl in der Gemüsebrühe 15 bis 18 Minuten garen. Anschließend abgießen und etwa 180 ml Gemüsebrühe auffangen.
2. Die Butter in einem Topf schmelzen, das Mehl darin hell anschwitzen lassen und unter Rühren das heiße Rosenkohlwasser angießen. Aufkochen und binden lassen.
3. Anschließend die süße Sahne hineinrühren und die Sauce mit Cayennepfeffer und frischgeriebener Muskatnuß würzen.
4. Die Mandelblättchen in einer beschichteten Pfanne ohne Fett goldgelb rösten.
5. Den Rosenkohl mit den Mandeln in die Sauce geben und kurz erwärmen.

Fruchtiges Lauchgemüse mit Béchamelsauce

für 2 Personen

Gemüse:
800 g Lauch
2 Scheiben frische Ananas
2 EL Butter
1 mürber Apfel
⅛ l Gemüsebrühe
1 Msp. Meersalz
1 Msp. Cayennepfeffer
1 Msp. Curry
1 Msp. Kurkuma
1 TL Grünkernmehl
3 EL süße Sahne

Sauce:
1 Bund Suppengrün
1 Petersilienwurzel
3 Champignons
2 Stengel Petersilie
1 Knoblauchzehe
2 Lorbeerblätter
3 Pfefferkörner
1 Gewürznelke
1 Msp. Curry, Meersalz
¼ l Wasser
3 EL Butter
2 EL feines Weizenvollkornmehl
2–3 EL süße Sahne
Muskatnuß

1. Den Lauch putzen, nur den weißen und hellgrünen Teil verwenden. Die Lauchstangen halbieren und gründlich waschen. Anschließend in dünne Streifen schneiden. Die Ananasscheiben schälen, das Fruchtfleisch in kleine Streifen schneiden.
2. Die Butter in einem Topf erhitzen und den Lauch darin 5 Minuten anschwitzen, die Ananasstreifen hinzufügen und weitere 5 Minuten schmoren lassen. Den Apfel vierteln, das Kerngehäuse entfernen, das Fruchtfleisch grob würfeln.
3. Die Apfelwürfel mit der Gemüsebrühe zum Lauch geben und weitere 10 Minuten köcheln lassen. Mit dem Salz und den Gewürzen pikant abschmecken, das Grünkernmehl hineinstreuen, gut mischen und nochmals gut 5 Minuten unter Rühren kochen lassen.
4. Für die Sauce das Gemüse und die Champignons putzen und grob würfeln. Die Petersilienstengel waschen, die Knoblauchzehe nicht schälen. Alles zusammen mit den Gewürzen, etwas Meersalz in dem Wasser 40 Minuten köcheln lassen. Die Gemüsebrühe durch ein Sieb schütten, das Gemüse gut ausdrücken.
5. Die Butter in einem Topf schmelzen lassen, das Weizenvollkornmehl auf einmal dazugeben und glattrühren. Nach und nach die heiße Gemüsebrühe dazugeben. Die Sauce mit der süße Sahne verfeinern und mit frischgeriebener Muskatnuß aromatisieren.

DER GUTE TIP

Die Béchamelsauce paßt auch sehr gut zu gekochtem Blumenkohl und Brokkoli, zu Kohlrabi (mit 1 Msp. Safran würzen) und Spargel.

Kräuterkartoffeln mit Gurkenjoghurt

für 1 Person

Kartoffeln:

3 festkochende Kartoffeln
3 EL Olivenöl
4 EL gemischte, gehackte Kräuter (Majoran, Thymian, Salbei)
1 Knoblauchzehe
1 TL Paprikapulver rosenscharf
Kräutersalz

Gurkenjoghurt:

150 g griechischer Sahnejoghurt
½ TL vergorenes Molkekonzentrat (Molkosan)
1 TL Olivenöl
1 Knoblauchzehe
120 g Salatgurke
Meersalz
1 EL gehackter Dill

1. Die Kartoffeln gründlich abbürsten und mit Schale in etwa 1 cm dicke Scheiben schneiden.

2. Das Olivenöl mit den Kräutern mischen, die geschälte Knoblauchzehe durch eine Presse dazudrücken, dann Paprikapulver und etwas Kräutersalz hinzufügen.

3. Den Backofen auf 200 Grad vorheizen (Gasherd: Stufe 3). Die Kartoffelscheiben auf beiden Seiten mit dem Würzöl bestreichen und auf ein Backblech legen. Das Blech in den Ofen schieben und die Kartoffeln in etwa 50 Minuten backen, dabei öfter wenden.

4. In der Zwischenzeit die Sauce zubereiten. Dafür den Joghurt, das Molkekonzentrat und das Olivenöl in eine Schüssel geben und mit dem Schneebesen verrühren.

5. Die Knoblauchzehe schälen und durch eine Presse dazudrücken. Das Stück Salatgurke schälen und auf einer Rohkostreibe grob raspeln.

6. Die Gurkenraspel in den Joghurt rühren und alles mit etwas Meersalz würzen. Den Dill darüberstreuen. *(auf dem Foto oben)*

DER GUTE TIP

Neue Kartoffeln nur bürsten, längs halbieren, mit dem Würzöl bestreichen und genauso backen.

Frühlingstopf

für 1 Person

1 Bund Möhren (etwa 250 g)
250 g kleine, neue Kartoffeln
100 g Zuckerschoten
¼ l Gemüsebrühe
1 EL Butter
1 EL grobgehackte Haselnüsse
½ TL Currypulver
20 g Bündner Fleisch
etwa 10 Basilikumblätter

1. Die Möhren putzen und waschen. Der Länge nach halbieren oder vierteln. Die neuen Kartoffeln sehr gründlich abbürsten, nicht schälen und je nach Größe halbieren oder vierteln. Die Zuckerschoten putzen und waschen.
2. Das Gemüse in der zuvor erhitzten Brühe gut 15 Minuten garen.
3. Die Butter in einer Pfanne erhitzen und die Haselnüsse darin leicht anbraten. Das Currypulver hinzufügen und mit den Nüssen vermischen.
4. Das Gemüse abgießen und mit den erhitzten Haselnüssen mischen. Das Gemüse auf einen angewärmten Teller geben, mit den Bündner-Fleisch-Scheiben umlegen und alles mit den grobzerpflückten Basilikumblättern bestreuen.

Fenchel-Käse-Gratin

für 2 Personen

4 Fenchelknollen
¼ l Gemüsebrühe
250 g festkochende Kartoffeln
Fett für die Form
3 EL süße Sahne
1 EL geriebener Käse
1 Eigelb
Muskatnuß
Kräutersalz
30 g Schafskäse

1. Den Fenchel putzen, waschen und dünn schälen. Ein paar grüne Fenchelblättchen beiseite legen. Anschließend die Knollen vierteln und in der Brühe 15 bis 20 Minuten dünsten.
2. In der Zwischenzeit die Kartoffeln waschen und 20 Minuten kochen, abgießen, pellen und in Scheiben schneiden.
3. Den gegarten Fenchel abgießen, die Brühe dabei auffangen und den Fenchel ebenfalls in Scheiben schneiden. Dann abwechselnd mit den Kartoffeln in eine gefettete Auflaufform schichten.
4. 120 ml Fenchelbrühe mit der süßen Sahne, dem Käse und dem Eigelb verquirlen. Mit frisch-geriebener Muskatnuß und Kräutersalz würzen. Anschließend erwärmen, bis der Käse geschmolzen ist.
5. Die Sauce über das Gemüse gießen und mit dem zerkrümelten Schafskäse bestreuen.
6. Im auf 180 Grad vorgeheizten Backofen (Gasherd: Stufe 2) etwa 25 Minuten backen. Vor dem Servieren mit dem zurückgelegten Fenchelgrün bestreuen.

Champignonkartoffeln

für 1 Person

150 g Kartoffeln
2 Knoblauchzehen
1 TL Butter
200 g frische Champignons
1 Bund Frühlingszwiebeln
1 TL feines Weizenvollkornmehl
80 ml Gemüsebrühe
je 1 Msp. Thymian, Majoran, Rosmarinnadeln
Muskatnuß
2 EL saure Sahne
1 EL Schnittlauchröllchen

1. Die Kartoffeln waschen und mit der Schale in kochendem Wasser garen.
2. In der Zwischenzeit die Knoblauchzehen schälen, in feine Scheiben schneiden und in der Butter anbraten.
3. Die Champignons und die Frühlingszwiebeln putzen, in Scheiben schneiden und ebenfalls kurz mitdünsten.
4. Mit dem Vollkornmehl bestäuben und mit der Brühe ablöschen. Zugedeckt etwa 10 Minuten köcheln lassen.
5. Die Kartoffeln pellen und in gleichmäßig dicke Würfel schneiden. Zu den Champignons und dem Lauch geben und bei schwacher Hitze nochmals 5 Minuten erwärmen.
6. Mit Thymian, Majoran, Rosmarin und frischgeriebener Muskatnuß abschmecken.
7. Mit der Sahne verfeinern und mit den Schnittlauchröllchen bestreuen.

Brokkoligemüse mit Kartoffelpüree

für 1 Person

400 g Brokkoli
¼ l Gemüsebrühe
1 EL Butter
1 Zwiebel
1 Knoblauchzehe
1 EL Weizenvollkornmehl
1 Bund gehackte Petersilie
Muskatnuß
150 g Kartoffeln
etwas Wasser
Meersalz
1 EL Crème fraîche

1. Die geputzten und in Röschen geteilten Brokkoli in der Brühe etwa 15 Minuten garen. Herausnehmen, abtropfen lassen (Brühe auffangen) und grob hacken.

2. Die Zwiebel und die Knoblauchzehe schälen und fein würfeln. Die Butter in einem Topf zerlassen, die Zwiebel- und Knoblauchwürfel darin andünsten. Das Mehl darüberstäuben und hellgelb anschwitzen. Mit der Brokkolibrühe löschen.

3. Unter ständigem Rühren aufkochen lassen und die Brokkoli sowie die gehackte Petersilie hinzugeben. Mit frischgeriebener Muskatnuß abschmecken.

4. Während das Gemüse gart, die Kartoffeln waschen, schälen und in kleine Würfel schneiden. In wenig leicht gesalzenem Wasser kochen und im eigenen Kochwasser pürieren. Mit der Crème fraîche verfeinern.

5. Das Kartoffelpüree mit dem Brokkoligemüse noch warm servieren.

(auf dem Foto rechts)

DER GUTE TIP

Bier (alkoholfrei oder sogenanntes Leichtbier) nur zur Kohlenhydrat-Mahlzeit, trockene Weine oder Sekt in Ausnahmefällen zur Eiweiß-Mahlzeit trinken. Wacholder, Korn und Doppelkorn gelten als neutral, sollten aber – auch wegen ihres hohen Kaloriengehalts – nur in Ausnahmefällen getrunken werden.

Kümmelkartoffeln in Folie

für 4 Personen

4 große Kartoffeln (etwa 200 g pro Stück)
3 EL Maiskeimöl
2–3 EL Kümmel
1 TL Majoran
Meersalz

1. Die Kartoffeln waschen, gut bürsten und der Länge nach halbieren.
2. Die Kartoffeln rundherum mit dem Öl bepinseln und mit dem Kümmel, dem Majoran und etwas Meersalz würzen.
3. Anschließend die Hälften wieder zusammenfügen und in Alufolie wickeln. Bei starker Hitze im vorgeheizten Backofen 45 bis 55 Minuten garen. Dazu paßt ein neutraler Blattsalat mit Gurkenwürfeln.

Apfel-Zwiebel-Salat mit Rosinenbrötchen

für 1 Person

100 g rote Zwiebeln
150 g Fleischtomaten
1 mürber Apfel

Sauce:
3 EL Brottrunk
1 TL Traubenkernöl
Kräutersalz
1 Msp. Zimt
1 EL ungeschwefelte Rosinen
1 Vollkorn-Rosinenbrötchen
1 EL Butter

1. Die Zwiebeln schälen und in feine Ringe schneiden. Die Tomaten waschen, vom Stengelansatz befreien und achteln.
2. Anschließend den Apfel schälen, vierteln, das Kerngehäuse entfernen und das Fruchtfleisch in Spalte schneiden.
3. Aus dem Brottrunk, dem Traubenkernöl, etwas Kräutersalz und dem Zimt eine Sauce rühren.
4. Die gewaschenen und abgetrockneten Rosinen hinzufügen, mit den Zwiebeln, Tomaten und Apfelspalten mischen und den Salat etwas ziehen lassen.
5. Das Rosinenbrötchen aufschneiden, mit der Butter bestreichen und dazu verzehren.

Bunter Kartoffelsalat

für 1 Person

200 g Kartoffeln
1 Bund Frühlingszwiebeln
1 Möhre
100 g frische Champignons
100 g Spargel
1 EL TK-Erbsen
¼ l Gemüsebrühe
2 Tomaten
⅓ Salatgurke

Sauce:
3 EL Brottrunk
1 EL Olivenöl
Kräutersalz
2 EL frischgehackte Kräuter (Sauerampfer, Dill, Schnittlauch, Basilikum)
30 g Bündner Fleisch

1. Die Kartoffeln mit der Schale kochen, pellen und auskühlen lassen. Anschließend in Würfel schneiden.
2. Das andere Gemüse putzen, bei Bedarf schälen, grob würfeln. In der erhitzten Gemüsebrühe gar dünsten.
3. Währenddessen die Tomaten waschen, vom Stielansatz befreien und in kleine Stücke teilen. Das Salatgurkenstück schälen und grob würfeln.
4. Anschließend die Kartoffelwürfel, das gesamte vorbereitete Gemüse sowie die Tomaten- und die Salatgurkenstücke gründlich miteinander mischen.
5. Aus dem Brottrunk, dem Olivenöl, etwas Kräutersalz und den frischgehackten Kräutern eine Sauce rühren und unter den Kartoffelsalat heben.
6. Kurz vor dem Servieren das Bündner Fleisch in Streifen schneiden und über den Salat streuen.

Grüner Kartoffelsalat

für 1 Person

200 g festkochende Kartoffeln
⅛ l Gemüsebrühe
1 EL Sonnenblumenöl
2 EL Brottrunk
Frühlingszwiebeln
⅓ Salatgurke
2 EL feingehackte Kräuter (Schnittlauch, Petersilie, Estragon, Kerbel, Basilikum, Dill)

1. Die Kartoffeln waschen, in der Schale garen, abgießen und leicht auskühlen lassen. Anschließend die Kartoffeln pellen und in feine Scheiben schneiden.
2. Die heiße Gemüsebrühe mit dem Sonnenblumenöl und dem Brottrunk verrühren und lauwarm über die Kartoffeln gießen.
3. Die Frühlingszwiebeln schälen, fein würfeln, die Gurke schälen, fein reiben und ebenfalls hinzufügen. Den Kartoffelsalat mit den Kräutern mischen und auskühlen lassen.

Bouillonkartoffeln mit Blumenkohl und Käsesauce

für 1 Person

200 g Kartoffeln
1 Packung TK-Suppengrün
1 TL gekörnte Brühe (Frugola)
400 g Blumenkohl
1 EL feingehackte Petersilie

Sauce:
100 ml Blumenkohlbrühe
2 EL geriebener Käse
2 EL süße Sahne
Muskatnuß

1. Die geschälten und in Würfel geschnittenen Kartoffeln waschen. ¼ l Wasser mit dem Suppengrün und der gekörnten Brühe würzen und die Kartoffelwürfel darin 20 Minuten kochen.
2. Den Blumenkohl putzen, in kleine Röschen teilen und in wenig Wasser 20 Minuten garen.
3. Die Blumenkohlbrühe in einen Topf geben und den Käse darin auflösen.
5. Die Sahne unter die Käsebrühe rühren und das Ganze mit frischgeriebener Muskatnuß würzen. Nochmals kurz erhitzen, aber nicht mehr aufkochen.
6. Den Blumenkohl und die abgegossenen Kartoffeln auf einem Teller anrichten. Die Sauce über den Blumenkohl geben und mit Petersilie bestreuen.
(auf dem Foto: links)

Lauwarmer Blumenkohlsalat mit Vollkornfrikadellen

für 2 Personen

800 g Blumenkohl
¼ l Gemüsebrühe

Sauce:
4 EL Brottrunk
2 EL Weizenkeimöl
2 EL süße Sahne
1 kleine Zwiebel
Kräutersalz
etwas Rosenpaprika

Frikadelle:
3 Sechskornbrötchen, 3 Tage alt
1 Zwiebel
1 Knoblauchzehe
1 Eigelb
1 EL gehackte Petersilie
2 EL gehackte Mandeln
2 EL Butter

1. Den Blumenkohl putzen und in kleine Röschen teilen. In der Gemüsebrühe 10 Minuten kochen, anschließend mit dem Schaumlöffel herausnehmen, abtropfen lassen und in eine Schüssel geben. Die Gemüsebrühe beiseite stellen.
2. Für die Sauce den Brottrunk mit dem Öl und der Sahne verrühren. Die Zwiebel schälen und fein hakken, mit etwas Kräutersalz zur Sauce geben, mischen, über die Blumenkohlröschen gießen und mit etwas Paprikapulver bestreuen.
3. Von den Brötchen die Kruste rundherum dünn abreiben. Die Gemüsebrühe wieder erhitzen und über die Brötchen gießen. Sobald die Brötchen vollständig aufgeweicht sind, werden sie zwischen zwei Küchenbrettern gut ausgedrückt.
4. Die ausgedrückten Brötchen mit der Gabel zerpflücken. Die Zwiebel und die Knoblauchzehe schälen und fein hacken, mit dem Eigelb, der Petersilie und den gehackten Mandeln zu dem Teig geben und gut verkneten.
5. Mit feuchten Händen aus der Masse zwei Frikadellen formen und in einer beschichteten Pfanne in der heißen Butter beidseitig knusprig braten. Mit dem durchgezogenen, aber noch lauwarmen Blumenkohlsalat servieren.
(auf dem Foto: rechts)

Pellkartoffeln mit Schnittlauchquark

für 2 Personen

400 g festkochende Kartoffeln
400 g Quark, 20% Fett i.Tr.
1 TL Leinöl
1 Bund Schnittlauch
½ TL Kräutersalz
½ TL Paprikapulver
1 Salatgurke

1. Die Kartoffeln waschen und in der Schale etwa 20 Minuten lang garen.
2. In der Zwischenzeit den Quark mit dem Leinöl cremig rühren.
3. Den Schnittlauch waschen und in Röllchen schneiden und zusammen mit dem Kräutersalz zum Quark geben. Alles gut verrühren und mit dem Paprikapulver bestäuben.
4. Die Salatgurke schälen und in 1 cm dicke Scheiben schneiden. Die Gurkenscheiben zusammen mit den Pellkartoffeln und dem Quark servieren.
(auf dem Foto: oben)

Mangoldauflauf mit Gorgonzola

für 1 Person

300 g festkochende Kartoffeln
500 g Mangold
etwas Butter für die Form
50 g süße Sahne
60 g Gorgonzola
1 Msp. Cayennepfeffer
1 TL gehackte Petersilie
½ TL Majoran
1 TL gekörnte Brühe (Frugola)

1. Die gewaschenen Kartoffeln 15 Minuten vorgaren.
2. In der Zwischenzeit den Mangold verlesen, in kochendem Wasser kurz blanchieren, herausnehmen und dann abtropfen lassen. Die Blätter grob hacken, die Stiele kleinschneiden.
3. Die Kartoffeln leicht abkühlen lassen, schälen und in gleichmäßig dicke Scheiben schneiden.
4. Den Mangold in eine gefettete Auflaufform geben und die Kartoffelscheiben schuppenartig darauflegen.
5. Den Backofen auf 160 Grad vorheizen (Gasherd: Stufe 1). 120 ml Wasser mit der Sahne mischen. Den Käse in kleine Würfel schneiden und hineingeben.
6. Die Sahne-Käse-Mischung mit Cayennepfeffer, Petersilie, Majoran und der gekörnten Brühe abschmecken und über die Kartoffelscheiben gießen.
7. Das Gratin in den Ofen stellen und etwa 25 Minuten backen. Es soll eine goldgelbe Kruste haben.
(auf dem Foto: Mitte)

Gefüllte Ofenkartoffeln

für 2 Personen

40 g Grünkern

Kartoffeln:
4 große Kartoffeln
2 EL Olivenöl
1 EL Kümmel
1 TL Majoran
1 TL Thymian

Sauce:
1 Salatgurke
1 reife Avocado
2 Frühlingszwiebeln
350 g Sahnedickmilch
Kräutersalz
2 Knoblauchzehen

außerdem:
8 kleine Dillzweige

1. Den Grünkern mit Wasser bedecken und 15 bis 20 Minuten garen, dann ausquellen lassen.
2. Die Kartoffeln gut abbürsten, mit wenig Wasser in einen Topf geben und 10 Minuten lang vorgaren. Die Kartoffeln anschließend der Länge nach halbieren.
3. Die Schnittflächen der Kartoffeln mit dem Öl bestreichen und mit Kümmel, Majoran und Thymian würzen. Den Backofen auf 200 Grad vorheizen (Gasherd: Stufe 3).
4. Die Kartoffelhälften wieder zusammensetzen und jede Kartoffel in Alufolie wickeln (die matte Seite der Folie nach außen). Die Kartoffeln 45 bis 55 Minuten im Ofen backen.
5. Inzwischen die Sauce zubereiten. Dafür die Gurke schälen, entkernen und fein würfeln.
6. Die Avocado schälen, den Kern entfernen und das Fruchtfleisch in kleine Stücke schneiden. Die Frühlingszwiebeln putzen und in sehr feine Ringe schneiden.
7. Die Sahnedickmilch mit dem Schneebesen glattrühren und das vorbereitete Gemüse und den gekochten Grünkern hinzufügen. Alles mit Kräutersalz abschmecken. Zum Schluß die geschälten Knoblauchzehen durch eine Presse dazudrücken.
8. Die Folien der Kartoffeln öffnen, die Kartoffeln längs einschneiden, etwas auseinanderdrücken und die Sauce darauf verteilen. Mit den Dillzweigen garnieren.
(auf dem Foto: unten)

Französischer Kartoffelauflauf

für 2 Personen

400 g Kartoffeln
1 Gemüsezwiebel
2 Stangen Lauch
250 g frische Champignons
1 Zucchino
2 TL Butter
50 ml Gemüsebrühe
1 TL Rosmarinnadeln
½ TL Kräuter der Provence
1 Msp. Cayennepfeffer
2 Knoblauchzehen
2 EL süße Sahne
etwas Butter für die Form
100 g französischer Butterkäse

1. Die gewaschenen Kartoffeln 20 Minuten garen, pellen und in Scheiben schneiden.
2. Die Zwiebel, den Lauch, die Champignons und den Zucchino putzen und in feine Scheiben schneiden. In der zerlassenen Butter wenden, von allen Seiten leicht anbräunen und mit der Brühe auffüllen.
3. Mit den Gewürzen und dem geschälten, feingehackten Knoblauch abschmecken. Zugedeckt 12 bis 15 Minuten bei kleiner Hitze dünsten. Mit der Sahne verfeinern. Den Backofen auf 180 Grad vorheizen (Gasherd: Stufe 2).
4. Eine feuerfeste Form leicht ausbuttern und abwechselnd die Kartoffelscheiben und die Gemüsemischung einschichten.
5. Anschließend mit dem kleingeschnittenen Butterkäse bestreuen und im heißen Backofen etwa 25 Minuten überbacken.

DER GUTE TIP

Zwischen jeder Nahrungsaufnahme drei bis vier Stunden vergehen lassen, damit die Verdauung nicht gestört wird.

Würzige Kartoffelpfanne

für 1 Person

200 g Kartoffeln
1 TL Butter
1 Bund Frühlingszwiebeln
1 Möhre
1 gelbe Paprikaschote
1 mürber Apfel
⅓ Salatgurke
⅛ l Gemüsebrühe
½ TL Majoran
½ TL Thymian
2 EL gehackte Petersilie
1 EL süße Sahne
1 Tomate

1. Die gewaschenen Kartoffeln in der Schale garen, pellen und in grobe Stücke schneiden.
2. Die Butter in einer beschichteten Pfanne schmelzen lassen, die Kartoffeln hinzugeben und unter Wenden von allen Seiten bräunen, dann herausnehmen.
3. Die geputzten und in Ringe geschnittenen Frühlingszwiebeln (auch das Grüne verwenden), die geputzte und kleingeschnittene Möhre sowie die ebenfalls geputzte und zerkleinerte Paprikaschote, den gewürfelten Apfel und das geschälte, in grobe Würfel geschnittene Salatgurkenstück in die Pfanne geben und alles kurz durchschmoren lassen.
4. Anschließend die Brühe über das Gemüse gießen und zugedeckt bei mäßiger Hitze 15 bis 20 Minuten garen. Wenn alle Flüssigkeit verdampft ist, die Kartoffelwürfel wieder in die Pfanne geben.
5. Die Kartoffel-Gemüse-Pfanne mit dem Majoran, Thymian und 1 EL Petersilie abschmecken und mit der Sahne verfeinern. Mit der restlichen Petersilie bestreuen.
6. Die Tomate achteln und das Gericht damit garnieren.
(auf dem Titelbild)

Geröstete Kartoffeln mit Rosenkohl

für 2 Personen

400 g Pellkartoffeln vom Vortag
2 Zwiebeln
2 EL Olivenöl
Kräutersalz
500 g Rosenkohl
¼ l Gemüsebrühe
Muskatnuß
2 EL Butter

1. Die Kartoffeln pellen und in Scheiben schneiden. Die Zwiebeln schälen und fein würfeln.
2. Die Kartoffelscheiben hinzufügen, in dem heißen Öl knusprig braten und mit etwas Kräutersalz würzen. Die gehackten Zwiebeln erst kurz vor dem Servieren dazugeben.
3. In der Zwischenzeit den geputzten Rosenkohl in der Brühe 20 Minuten garen, anschließend mit frischgeriebener Muskatnuß würzen.
4. Den fertig gegarten Rosenkohl mit einer Schaumkelle herausnehmen.
5. Die Butter in einer Pfanne zart bräunen und über das Gemüse gießen. Den Rosenkohl zusammen mit den Bratkartoffeln servieren.
(auf dem Foto Seite 145: links)

Weinkraut-Kartoffelpüree mit Röstzwiebeln

für 2 Personen

500 g Kartoffeln
¼ l Gemüsebrühe
50 g süße Sahne
500 g Weinkraut
1 mürber Apfel
1 große Gemüsezwiebel
1½ EL Maiskeimöl

1. Die gewaschenen Kartoffeln schälen und in kleine Würfel schneiden, in der Gemüsebrühe im geschlossenen Topf 20 Minuten kochen. Etwas Kochflüssigkeit in ein Gefäß gießen.

2. Die Kartoffelwürfel im eigenen Kochwasser zerstampfen, das Püree mit frischgeriebener Muskatnuß abschmecken und mit der süßen Sahne verfeinern.

3. Das Weinkraut kleinschneiden, den Apfel grob raspeln und beides zusammen in einem Topf mit wenig Wasser 20 Minuten kochen.

4. In der Zwischenzeit die Zwiebeln schälen und in feine Ringe schneiden.

5. Das Öl in einer Pfanne erhitzen und die Zwiebelringe darin unter Wenden rösten.

6. Das heiße Weinkraut mit dem Kartoffelpüree mischen und mit den Röstzwiebeln bedeckt servieren.

(auf dem Foto: rechts)

Die neutrale Kost

Neutrale Nahrungsmittel dürfen sowohl mit eiweißreichen wie mit kohlenhydratreichen Speisen kombiniert werden. Zu diesen neutralen Lebensmitteln und Speisen werden alle Fette, alle gesäuerten Milchprodukte, Weißkäse und Käse über 60% Fett i. Tr., alle Gemüsesorten (außer Schwarzwurzeln, Topinambur, Grünkohl und Kartoffeln), Salate, Sprossen, Pilze, Kräuter, Nüsse und Samen, alles Rohgeräucherte aus Fleisch (auch Wurst) und Fisch (auch marinierter), rohes Fleisch, Eigelb, Oliven, Heidelbeeren, ungeschwefelte Rosinen, Korn, Doppelkorn und Wacholder gezählt. Auf den folgenden Seiten finden Sie eine Reihe delikater und leicht nachzukochender Vorschläge, die Ihnen das Trennen (auch von unliebsamen Fettpölsterchen) erleichtern werden.

Pfifferlingssuppe

für 1 Person

250 g Pfifferlinge (oder Champignons)
1 Zwiebel, 1 Knoblauchzehe
1 EL Butter
¼ l Gemüsebrühe
Biobin (pflanzliches Bindemittel)
2 EL süße Sahne
2 EL gehackte Petersilie

1. Die Pilze putzen, gut waschen und je nach Größe zerkleinern.
2. Die Zwiebel und die Knoblauchzehe schälen, beides sehr fein würfeln und in der zuvor zerlassenen Butter goldgelb dünsten.
3. Die Pilze dazugeben und alles weitere 4 Minuten bei milder Hitze dünsten. Die Gemüsebrühe angießen und die Suppe 10 bis 15 Minuten bei milder Hitze köcheln lassen. 1 EL Pfifferlinge beiseite legen.
4. Anschließend die Suppe mit dem Schneidstab pürieren. Nach Belieben mit dem pflanzlichen Bindemittel nach Packungsanweisung leicht binden. Die süße Sahne hineinrühren, die zurückgelegten Pilze und die Petersilie darüberstreuen.
(auf dem Foto oben)

DER GUTE TIP

Die hier vermerkten Mengen reichen für eine Hauptmahlzeit.

Selleriecremesuppe

für 2 Personen

1 Sellerieknolle
½ l Gemüsebrühe
4 EL süße Sahne
1 Stange Bleichsellerie
2 EL gehacktes Selleriegrün

1. Die Sellerieknolle schälen und würfeln. Zartes Selleriegrün waschen und beiseite legen.
2. Die Selleriewürfel etwa 15 Minuten in der Gemüsebrühe im geschlossenen Topf garen.
3. Das Ganze anschließend mit dem Schneidstab pürieren und mit der Sahne verfeinern.
4. Den Bleichsellerie putzen, die harten Fäden abziehen und den helleren Teil in feinste Scheiben schneiden. In der Suppe kurz erhitzen. Die Suppe mit dem Selleriegrün garnieren.

Feines Knoblauchsüppchen

für 1 Person

1 Stange Lauch, 1 TL Butter
¼ l Gemüsebrühe
3 Knoblauchzehen
2 EL saure Sahne
Biobin (pflanzliches Bindemittel)
1 EL Schnittlauchröllchen

1. Den Lauch putzen, nur den weißen und hellgrünen Teil verwenden. Das Gemüse längs halbieren, gründlich waschen und in der zuvor erhitzten Butter glasig dünsten. Mit der Gemüsebrühe auffüllen und den geschälten und feingehackten Knoblauch zugeben.
2. Die Suppe etwa 10 Minuten köcheln lassen.
3. Anschließend die Sahne unterrühren, mit dem Biobin binden und mit den Schnittlauchröllchen bestreut servieren.

Mexikanische Bohnensuppe

für 1 Person

100 g Blumenkohl
100 g Prinzeßbohnen
100 g Möhren
1 Zucchino
1 Stange Bleichsellerie
¼ l Gemüsebrühe
frisches Bohnenkraut
1 Zwiebel
1 Knoblauchzehe
1 TL Olivenöl
1 EL saure Sahne
2 EL gehackte Kräuter

1. Den Blumenkohl putzen und in Röschen teilen. Die Bohnen putzen. Die Möhren

putzen und in Stifte schneiden. Den Zucchino putzen und ebenfalls in Stifte schneiden. Den Sellerie putzen, die harten Fäden abziehen, den Sellerie in feine Scheiben schneiden.
2. Die Brühe mit dem Bohnenkraut erhitzen und das gesamte Gemüse darin 20 Minuten gar kochen. Das Bohnenkraut anschließend entfernen.
3. Die Zwiebel und die Knoblauchzehe schälen und beides in feine Scheiben schneiden. In dem heißen Öl goldgelb braten, über die heiße Suppe streuen und einen Klecks saure Sahne obendrauf geben. Zum Schluß mit den Kräutern bestreuen.

Auberginen-Pilz-Suppe

für 1 Person

200 g Aubergine
1 Schalotte
1 Knoblauchzehe
1 TL Butter
100 g Champignons
⅛ l Gemüsebrühe
¼ TL Thymian
1 EL saure Sahne
Biobin (pflanzliches Bindemittel)
1 EL feingehackte Petersilie

1. Die Aubergine putzen, in Scheiben schneiden, fein würfeln. Die Schalotte fein hacken und die Knoblauchzehe schälen und in der zuvor erhitzten Butter leicht dünsten.
2. Die Champignons unter fließendem Wasser säubern und feinblättrig schneiden.
3. Die Champignons zu dem gedünsteten Gemüse geben und mit der Brühe auffüllen.
4. Die Suppe mit dem Thymian würzen. Bei geringer Hitze zugedeckt etwa 15 Minuten köcheln lassen.
5. Anschließend im Mixer oder mit dem Schneidstab pürieren, die saure Sahne unterrühren und nach Geschmack mit Biobin binden.
6. Mit der gehackten Petersilie bestreut servieren.
(auf dem Foto: rechts)

Zucchinisuppe

für 1 Person

400 g Zucchini
1 Zwiebel
1 Knoblauchzehe
1 TL Butter
¼ l Gemüsebrühe
je 1 Msp. Muskatnuß und Curry
50 ml saure Sahne

1. Die geputzten Zucchini fein raspeln.
2. Die Zwiebel und die Knoblauchzehe schälen, würfeln und in der zerlassenen Butter glasig dünsten.
3. Die Zucchiniraspel dazugeben und mit der Brühe auffüllen. Bei leichter Hitze 10 bis 15 Minuten köcheln lassen.
4. Die Zucchinisuppe mit dem Schneidstab pürieren, mit frischgeriebener Muskatnuß und Currypulver würzen und mit der Sahne verfeinern.
(auf dem Foto: links)

Tomate mit Mozzarella und Basilikum

für 1 Person

2 vollreife Tomaten
60 g Mozzarella
1 TL Olivenöl
frisches Basilikum
etwas Kräutersalz

1. Die Tomaten waschen, den Stielansatz entfernen und die Tomaten in etwa 1 cm dicke Scheiben schneiden.
2. Die Tomatenscheiben auf einem Teller anrichten. Den Käse in dünne Scheiben schneiden und in die Mitte auf die Tomaten legen.
3. Das Olivenöl darüberträufeln. Das Basilikum waschen und die Blättchen dekorativ auf den Käse setzen. Alles mit wenig Kräutersalz bestreuen.
(auf dem Foto oben)

Zwiebelchutney

für 1 Person

1 mittelgroße Zwiebel
1 TL Olivenöl
¼ l Gemüsebrühe
400 g kleine Schalotten
2 EL ungeschwefelte Rosinen
2 EL Sahnedickmilch
½ TL Curry
je 1 Msp. Kurkuma, Zimt, Kardamom
½ TL Kräutersalz

1. Die Zwiebel schälen und in kleine Würfel schneiden, dann in dem heißen Öl glasig dünsten. Mit der Brühe auffüllen, die geschälten ganzen Schalotten und die gewaschenen und abgetrockneten Rosinen hinzufügen.
2. Alles zusammen etwa 20 Minuten gar dünsten lassen. Mit der Sahnedickmilch leicht binden, mit dem Curry, den Gewürzen und dem Kräutersalz pikant abschmecken. Die Sauce leicht einkochen lassen.

Süßsaure Salatsauce

für 1 Person

100 ml Sahnedickmilch
10 EL Brottrunk
½ TL Kräutersalz
1 EL Apfeldicksaft
1 Zwiebel, 1 Knoblauchzehe
3 EL feingehackte Kräuter

1. Die Sahnedickmilch mit dem Brottrunk kräftig verschlagen. Mit dem Kräutersalz würzen und mit dem Apfeldicksaft fein abschmecken.
2. Die Zwiebel und die Knoblauchzehe schälen, fein würfeln und zusammen mit den gehackten Kräutern unter die Salatsauce mischen.

Knoblauchsauce

für 1 Person

½ Becher Sahnedickmilch
2 Knoblauchzehen
etwas Kräutersalz
1 Msp. Cayennepfeffer

Die Sahnedickmilch mit einem Schneebesen glattrühren. Die geschälten Knoblauchzehen durch eine Presse dazudrücken und die Sauce mit etwas Kräutersalz und dem Cayennepfeffer würzen.
(auf dem Foto: unten)

Italienische Kräutersauce

für 1 Person

100 g Buttermilch
75 g saure Sahne
1 Packung TK-Italienische Kräuter
½ TL Kräutersalz
1 TL vergorenes Molkekonzentrat (Molkosan)

Die Buttermilch mit der sauren Sahne verschlagen, die Kräuter hineinrühren und die Sauce mit dem Kräutersalz und dem Molkekonzentrat würzen.
(auf dem Foto: oben)

Basilikumsauce

für 1 Person

1 EL Weizenkeimöl
½ TL Kräutersalz
1 TL vergorenes Molkekonzentrat (Molkosan)
5–6 TL Gemüsebrühe
1 Zwiebel, 1 Bund Basilikum

1. Das Öl, das Kräutersalz und das Molkekonzentrat zu einer Marinade verrühren. Die Mischung mit Brühe verdünnen.
2. Die Zwiebel schälen, in sehr feine Würfel schneiden und zusammen mit dem grobgehackten Basilikum in die Marinade rühren.
(auf dem Foto: Mitte)

Gebratene Selleriescheiben

für 1 Person

½ l Gemüsebrühe
2 Scheiben von einer mittelgroßen Sellerieknolle
Kräutersalz
½ Eigelb
2 EL süße Sahne
25 g Sesam
2 EL Maiskeimöl

1. Die Gemüsebrühe erhitzen, die Selleriescheiben hineingeben und so lange garen, bis sie fast weich sind (das dauert etwa 20 Minuten).
2. Den Sellerie herausnehmen, abtropfen lassen, schälen und auf beiden Seiten mit dem Kräutersalz würzen.
3. Auf einem Teller das halbe Eigelb und die süße Sahne mit einer Gabel verschlagen und die Selleriescheiben dann wenden.
4. Den Sesam auf einen flachen Teller geben und die Selleriescheiben darin wenden. Die Scheiben in dem Öl bei mäßiger Hitze von beiden Seiten goldgelb braten.

Gegrillte Maiskolben

für 1 Person

2 frische Maiskolben
2 TL Butter

1. Die Maiskolben von den Blättern und den Fäden befreien. Die Maiskolben 30 Minuten in ungesalzenem Wasser garen, abgießen und abtropfen lassen.
2. Die Butter in einem kleinen Topf zerlassen und die Kolben damit rundherum bestreichen.
3. Auf dem Grillrost bei langsam zunehmender Hitze etwa 15 Minuten grillen. Dabei mehrmals wenden.

Buntes Paprikagemüse

für 1 Person

1 Gemüsezwiebel
1 rote Paprikaschote
1 gelbe Paprikaschote
1 EL Olivenöl
1 Knoblauchzehe
⅛ l Gemüsebrühe
½ TL Kräuter der Provence
½ TL Oregano
1 EL gehackte Petersilie

1. Die Zwiebel schälen und in feine Ringe schneiden. Die Paprikaschoten waschen, putzen und in grobe Stücke schneiden.
2. Das Olivenöl in einem Topf erwärmen und die Zwiebeln und die Paprikastücke bei mäßiger Hitze darin schmoren. Das Gemüse mehrmals umrühren.
3. Den Knoblauch schälen und durch eine Presse dazudrücken. Die Gemüsebrühe dazugießen und mit den Kräutern der Provence, dem Oregano und der Petersilie würzen.
4. Das Gemüse zugedeckt bei milder Hitze 15 bis 18 Minuten garen.
(auf dem Foto oben)

Austernpilzpfanne

für 1 Person

200 g Austernpilze
1 Bund Frühlingszwiebeln
1 EL Butter
⅛ l Gemüsebrühe
½ Bund glatte Petersilie
1 TL gehackter Majoran
2 EL süße Sahne, ½ TL Curry

1. Die Austernpilze putzen, kurz waschen und in Streifen schneiden.
2. Die Frühlingszwiebeln putzen und in feine Ringe schneiden. Die Butter in einer Pfanne schmelzen lassen und die Pilze zusammen mit den Zwiebeln darin kurz andünsten.

3. Die Brühe angießen und die Pilze bei geringer Hitze zugedeckt etwa 10 Minuten köcheln lassen.
4. In der Zwischenzeit die Petersilie fein hacken und mit dem Majoran zu den Pilzen geben. Zuletzt die süße Sahne hineinrühren und die Austernpilzpfanne mit dem Currypulver abschmecken.
(auf dem Foto: links)

DER GUTE TIP

Ein solches Pilzragout schmeckt gut zu Getreidebratlingen, Semmelknödeln oder gegrilltem Fleisch.

Staudensellerie mit Curry und Rosinen

für 1 Person

350 g Staudensellerie
1 Zwiebel
1 EL Olivenöl
1/8 l Gemüsebrühe
1 TL Currypulver
je 1 Msp. Zimt, Kurkuma, Kardamom
2 EL saure Sahne
2 EL gehackter Kerbel oder Koriandergrün

1. Den Sellerie putzen, die harten Fäden abziehen, die Stengel in schmale Stücke schneiden. Die Zwiebel schälen und fein hacken.
2. Das Öl in einem Topf erhitzen und die Zwiebel darin glasig dünsten. Den Sellerie hinzufügen und unter Rühren leicht mit andünsten.
3. Die Gemüsebrühe angießen, das Gemüse mit dem Currypulver und den anderen Gewürzen kräftig abschmecken, dann zugedeckt bei mäßiger Hitze 12 bis 15 Minuten köcheln lassen.
4. Den Topf von der Kochstelle nehmen und den Sellerie mit dem Schneidstab nicht zu fein pürieren. Die saure Sahne hineinrühren. Die Creme mit dem Kerbel oder dem Koriandergrün bestreuen.

Schmorgurke in Pilzrahm

für 1 Person

1 Zwiebel
1 Knoblauchzehe
100 g frische Champignons
1 EL Butter
1 Salatgurke
1 EL Butter
gekörnte Brühe (Frugola)
2 EL saure Sahne
1 Bund Dill

1. Die Zwiebel und die Knoblauchzehe schälen und würfeln. Die Champignons putzen und fein hacken. Alles zusammen in der heißen Butter 10 Minuten unter Rühren dünsten. Das Zwiebel-Pilz-Gemisch etwas abkühlen lassen, mit dem Schneidstab pürieren, die Pilzsauce durch ein Sieb streichen.
2. Die Gurke schälen und längs halbieren. Die Kerne mit einem Löffel herausschaben, die anfallende Flüssigkeit dabei auffangen. Die Gurkenhälften in 1 cm dicke Scheiben schneiden und in der heißen Butter andünsten, das aufgefangene Gurkenwasser hinzufügen, mit etwas gekörnter Brühe würzen und etwa 15 Minuten schmoren lassen, bis die ganze Flüssigkeit verdampft ist.
3. Die Pilzsauce mit der Sahne und dem feingehackten Dill mischen, über die geschmorten Gurken gießen und nochmals kurz erhitzen.
(auf dem Foto: rechts)

Rote-Bete-Sellerie-Salat

für 2 Personen

150 g Sellerie
500 g rote Beten

Sauce:
1 EL vergorenes Molkekonzentrat (Molkosan)
3 EL saure Sahne
Kräutersalz, 1 TL Kümmel
1 EL Sonnenblumenöl
1 kleine Zwiebel
2 EL gehackte Petersilie

1. Das Stück Sellerieknolle schälen und würfeln. Die Blattansätze der roten Beten abschneiden, die Selleriewürfel und die ganzen Rote-Bete-Knollen in Wasser in 20 bis 25 Minuten garen (große Knollen benötigen bis zu 45 Minuten)
2. Die roten Beten etwas abkühlen lassen und die Haut abziehen. Die Knollen in kleine Würfel schneiden. Sellerie- und Rote-Bete-Würfel mischen.
3. Für die Sauce das Molkekonzentrat mit 6 EL angefallener Gemüsebrühe und der sauren Sahne gut verquirlen. Etwas Kräutersalz, den Kümmel und das Öl in die Sauce rühren.
4. Die Zwiebel schälen, sehr fein würfeln und zu der Sauce geben. Die Gemüsewürfel mit der Sauce mischen und die gehackte Petersilie darüberstreuen.
(auf dem Foto: links)

Bunter Salatteller

für 4 Personen

1 kg gemischtes, geputztes Gemüse, bestehend aus 16 Gemüsesorten: Möhren, Salatgurke, Tomaten, Champignons, Blumenkohl, Radieschen, Paprika, Fenchel, Zwiebel, Eisbergsalat, Radicchio, Zucchini, Sojabohnensprossen, Weißkohl, Kohlrabi und Rettich

Sauce:
175 g Sahnedickmilch
1 ½ EL vergorenes Molkekonzentrat (Molkosan)
2 TL Kräutersalz
1 EL Honig
100 ml Gemüsebrühe
2 EL Olivenöl
1 Knoblauchzehe
1 Packung TK-Gartenkräuter

1. Das Gemüse fein zerkleinern und in einer Schüssel mischen.
2. Die Sahnedickmilch mit dem Molkekonzentrat, dem Kräutersalz und dem Honig gut verrühren. Die Sauce mit der Gemüsebrühe verdünnen und das Öl darunterschlagen. Die geschälte Knoblauchzehe durch eine Presse dazudrücken.
3. Die Kräuter zur Sauce geben und alles mit den Salatzutaten mischen.
(auf dem Foto: rechts)

Feiner Blumenkohlsalat

für 2 Personen

400 g geputzter Blumenkohl
2 grüne Paprikaschoten
4 Tomaten, 1 Zwiebel

Sauce:
1 EL vergorenes Molkekonzentrat (Molkosan)
1 EL Sonnenblumenöl
1 EL Apfeldicksaft
3 EL saure Sahne
1 Knoblauchzehe
1 TL Paprikapulver edelsüß
Kräutersalz
2 EL Schnittlauchröllchen

1. Den Blumenkohl auf einem Gemüsehobel grob raspeln. Die Kerngehäuse der Paprikaschoten sowie die Stielansätze der Tomaten entfernen und alles in feine Streifen schneiden.
2. Die Zwiebel schälen und fein würfeln, dann mit dem Gemüse mischen.
3. Für die Sauce das Molkekonzentrat mit dem Öl, dem Apfeldicksaft und der sauren Sahne verrühren. Die geschälte Knoblauchzehe dazudrücken und alles mit Paprikapulver und Kräutersalz abschmecken.
4. Die Sauce über das Gemüse gießen und die Rohkost mit etwas Paprikapulver und den Schnittlauchröllchen bestreuen. Mindestens 1 Stunde durchziehen lassen.
(auf dem Foto: unten)

Krautsalat mit Kümmel

für 2 Personen

1 kleiner Weißkohl (etwa 400 g)
1 TL Meersalz
1 Zwiebel
1 EL Sonnenblumenöl
1 TL Paprikapulver rosenscharf
¼ l Gemüsebrühe
1 EL vergorenes Molkekonzentrat (Molkosan)
1 EL gehackte Kümmelkörner

1. Vom Kohl die harten Außenblätter entfernen, den Kopf halbieren und den Strunk keilförmig herausschneiden.
2. Den Kohl mit einem scharfen Messer oder mit einem Hobel in feine Streifen schneiden. Das Salz hinzufügen, das Kraut mit den Fingern sorgfältig kneten (etwa 10 Minuten) oder mit einem Stampfer bearbeiten.
3. Die Zwiebel fein würfeln und zusammen mit dem Öl und dem Paprikapulver unter das Kraut mischen.
4. Die Gemüsebrühe mit dem Molkekonzentrat und dem Kümmel aufkochen lassen und noch heiß über den Salat gießen. Den Krautsalat über 1 Stunde durchziehen lassen.
(auf dem Foto: oben)

Chinakohlrohkost

für 2 Personen

400 g Chinakohl
150 g frische Champignons
100 g Sojabohnensprossen
3 Tomaten

Sauce:
1 EL vergorenes Molke-konzentrat (Molkosan)
6 EL saure Sahne
5 EL Gemüsebrühe
½ TL Kräutersalz
3 EL gemischte, gehackte Kräuter (Basilikum, Petersilie, Sauerampfer)
1 EL Maiskeimöl

außerdem:
5 Walnußkerne, Basilikum

1. Den Chinakohl putzen, waschen und in Streifen, die geputzten Champignons in Scheiben schneiden.
2. Die Sojabohnensprossen sorgfältig waschen und abtropfen lassen.
3. Die Stielansätze der Tomaten entfernen und das Fruchtfleisch achteln. Alle Gemüse mischen.
4. Für die Sauce das Molkekonzentrat mit der sauren Sahne, der Gemüsebrühe und dem Kräutersalz verrühren. Die Kräuter und das Öl daruntermischen und die Sauce über den Salat gießen.
5. Die Walnüsse gehackt oder im Ganzen über den Salat streuen. Mit Basilikumblättern garnieren.
(auf dem Foto: oben)

Gemischer Salat mit Sprossen

für 2 Personen

½ Salatgurke
1 Zwiebel
3 Tomaten
150 g gemischte Sprossen (von Mungobohnen, Rettich, Alfalfa)
6 EL Maiskörner

Sauce:
150 g Sahnedickmilch
3 EL Gemüsebrühe
2 TL vergorenes Molke-konzentrat (Molkosan)
1 TL Currypulver
Kräutersalz

außerdem:
Dillzweige und Basilikumblätter

1. Die halbe Gurke schälen, längs vierteln und in Stücke schneiden.
2. Die Zwiebel schälen und in Ringe schneiden.
3. Die Stielansätze der Tomaten entfernen und das Fruchtfleisch würfeln.
4. Die Sprossen gut waschen, abtropfen lassen und zusammen mit den Maiskörnern zur Gurke geben.
5. Die Zwiebelringe und die Tomatenstückchen daruntermischen.
6. Für die Sauce die Sahnedickmilch glattrühren und mit der Gemüsebrühe verdünnen.
7. Das Molkekonzentrat, den Curry und etwas Kräutersalz hineinrühren, die Sauce über die Salatzutaten gießen und alles mit Dill und Basilikumblättern garnieren.
(auf dem Foto: Mitte)

DER GUTE TIP

Gesunde Sprossen können Sie sich ganz leicht zu Hause selber ziehen. Auf Seite 26/27 in diesem Buch sagen wir Ihnen, wie es geht. Gekaufte Sprossen sollten Sie immer mit kochendem Wasser überbrühen.

Sommersalat

für 2 Personen

1 kleiner Eisbergsalat
3 Tomaten
1 Zwiebel
1 Knoblauchzehe
1 Salatgurke

Sauce:
1½ EL vergorenes Molke-konzentrat (Molkosan)
200 ml Gemüsebrühe
Kräutersalz
1 EL Olivenöl
10 grüne, entkernte Oliven

außerdem:
1 Packung TK-Italienische Kräuter
Dillzweige
Basilikumblätter

1. Den Eisbergsalat putzen, waschen und die Blätter in Stücke zupfen.
2. Die Stielansätze der Tomaten entfernen und das Fruchtfleisch in kleine Würfel schneiden.
3. Die Zwiebel und die Knoblauchzehe schälen, in dünne Scheiben schneiden.
4. Die Gurke schälen, längs vierteln, die Kerne mit einem Löffel herausschaben, dann die Gurkenviertel in 1 cm dicke Stücke schneiden. Alle vorbereiteten Zutaten in einer Schüssel mischen.
5. Für die Sauce das Molkekonzentrat mit der Gemüsebrühe verdünnen. Dann zuerst etwas Kräutersalz und anschließend das Olivenöl hineinrühren.
6. Die Oliven zu den Salatzutaten geben, die Sauce darunterheben und den Salat mit den Kräutern bestreuen. Vor dem Servieren mit Dillzweigen und Basilikumblättern garnieren.
(auf dem Foto: unten)

Rezeptverzeichnis